U0733474

大众教育视阈下大学生学业难题成因及对策研究

胡 磊 李 江 曾明亮 著

中国纺织出版社有限公司

内 容 提 要

本书主要内容包括：大众教育视阈下的人才与发展、大众教育视阈下的学习观、大学学习目标、大学生学习方法与策略、非智力因素与大学生学习、大学生学习的潜能开发与自信心提升、体育锻炼提升大学生自信心、大学生主体性发展探索、大学生实践活动力培养。

图书在版编目（CIP）数据

大众教育视阈下大学生学业难题成因及对策研究 ／ 胡磊，李江，曾明亮著． -- 北京 ： 中国纺织出版社有限公司 ， 2021.8

ISBN 978-7-5180-8776-1

Ⅰ ． ①大… Ⅱ ． ①胡… ②李… ③曾… Ⅲ ． ①大学生—学习—研究 Ⅳ ． ①G645.5

中国版本图书馆 CIP 数据核字（2021）第 162791 号

责任编辑：邢雅鑫 责任校对：高 涵 责任印制：储志伟

中国纺织出版社有限公司出版发行
地址：北京市朝阳区百子湾东里 A407 号楼 邮政编码：100124
销售电话：010—67004422 传真：010—87155801
http://www.c-textilep.com
中国纺织出版社天猫旗舰店
官方微博 http://weibo.com/2119887771
三河市宏盛印务有限公司印刷 各地新华书店经销
2021 年 8 月第 1 版第 1 次印刷
开本：787×1092 1/16 印张：10.5
字数：210 千字 定价：62.00 元

凡购本书，如有缺页、倒页、脱页，由本社图书营销中心调换

前　言

随着时代的进步、经济的发展，许多传统的教育方式已无法满足现在的市场现状和大学生的成长需求。无论是联合国教科文组织，还是我国国务院及教育部，都开始逐渐注重学生的"全面发展，终身学习"的理念和目标。我们希望培养出更多可以自我选择适合自身发展的全面人才。美国著名的未来学家阿尔温·托夫勒提出了一句影响深远的名言："未来的文盲不再是目不识丁的人，而是那些没有学会怎样学习的人。""大学生必须学会学习"已成为普遍的共识。有的学者甚至认为：学会学习必将"改变未来人生的力量"，成为"你个人通向未来的交互式护照"，在学校教育中最重要的两个科目应该是"学习怎样学习"和"学习怎样思考"。

所谓"会学习"有以下几层意思：第一，会学习就是会根据自身的基础和主客观条件，计划、调控和评价学习，从而不断地调整和优化自己的知识结构，适应进一步学习和社会发展的需要；第二，会学习就是能够用最短的时间，尽量少的精力，以最快的速度获取尽可能多的知识和技能，会采用最适宜、有效的方法和策略，获得最好的学习效果；第三，会学习就是会把握学习的重点，不只是满足于获取某种知识，而是重点掌握思维过程和方法，也就是说，学习的目的不是重在得到"鱼"和"金子"，而是要学到捕鱼和点金之术；第四，会学习就是会把所学的知识应用到生产和社会需要的实践中去，并且会在实践中进一步学习，不断丰富和深化自己的知识。学到知识却不会应用，或者不善于在实践中应用，实质上不能算是会学习。

由此可见，所谓"学会学习"就是学会自主学习，学会高效学习、学会学习方法、学会学以致用。换言之，"学会学习"就是学会自主地选择学习目标，运用适宜的，科学的学习策略和方法，高效地进行学习，在获取更多知识的同时，习得获取知识的方法，并且能将获得的知识灵活地应用到实践中。学习是大学生的天职，学业状况直接影响大学生的知识积累、方法掌握和综合素质提升，是大学生能否成长为社会主义合格建设者和可靠接班人的关键所在。促进大学生的学业发展，提升大学生的学业效能，是高校提升人才培养质量的核心环节，也是我国实现人才强国战略目标的重要途径。

由于作者水平有限，本丛书必有诸多不足之处，诚望诸位学者、读者不吝赐教。

作者

2021 年 3 月

目　录

第一章 大众教育视阈下的人才与发展

第一节 全人教育体系与国际领先人才培养

一、全人教育

全人教育兴起于 20 世纪六七十年代的美国，后传至北美、欧洲、亚洲，现已形成了一场世界性的全人教育改革运动，对全球各级各类教育产生了重要影响。强调人的整体发展，强调个人的多样性，强调经验和个体之间的合作，强调培养"全人"。

全人教育整合了"以社会为本"和"以人为本"的两种教育观点，既重视社会价值，又重视人的价值的教育理念。这种教育观念，是国内外教育家都一直追求的。著名教育家、北京大学前校长蔡元培指出："教育是帮助被教育的人，给他们能发展自己的能力，完成他的人格，于人类文化上能尽一分子的责任。"

就其内涵而言，"全人教育"首先是人之为人的教育；其次是传授知识的教育；最后就是和谐发展心智，以形成健全人格的教育。从某种意义上来讲，全人教育就是培养"全人"或"完人"的教育。就其教育目的而言，"全人教育"把教育目标定位为：在健全人格的基础上，促进学生的全面发展，让个体生命的潜能得到自由、充分、全面、和谐、持续发展。简言之，全人教育的目的就是培养学生成为有道德、有知识、有能力、和谐发展的"全人"。

西方全人教育家的观点主要有以下这些。

（一）关注人的全面挖掘

全人教育关注每个人智力、情感、社会性、物质性、艺术性、创造性与潜力的全面挖掘。当代全人教育思想与过去的教育理念相比，最突出的特性就在于其教育目的不同，教育不再是单纯的社会统治的工具，人也不再是在经济利益驱动下的一个机械个体。全人教育思想首先把人的认识提升到了一个从未有过的高度，其核心内容是"全人"的培养。全人从字面上可以理解为具有整合人格、得到全面发展的人，人的发展过程中每一个方面都不可以有偏差。隆·米勒提出了全人范式的概念，认为从本质上来讲，精神胜于物质，教育应更着重于人的内在层面，例如，个人情感、创造能力、想象能力、同情心与好奇心等，还有自我的实现。这一全人范式理论没有贬低物质的重要性，也不否认社会存在的价值，但它认为教育的过程不单是知识的传递与技能的训练，更应关注人的内在情感体验与人格的全面培养，达到人的精神与物质的统一。

（二）寻求人类之间的真正意义

全人教育寻求人类之间的理解与生命的真正意义，以往的教育通常将社会关系、文化背景等割裂开来，教育的最终结果是制造出功利主义的人，他们只注意身边狭小的范围，缺乏对他人的理解与尊重。传统教育注重竞争，无论是考试竞争还是活动竞争，都忽视了学生人际理解能力的培养。这样的话，他人只是满足自我的工具，成为自我意愿的利用对象与竞争对象，人类之间只有物化的关系，人性也就不断堕落。全人教育鼓励自我实现，但同时也强调真诚的人际交往和跨文化的人类理解。人之所以为人的重要一点在于人是生活在相互联系的有机社会群体之中的，这种联系不是机械化的，而是鲜活的人际交往，人性的体现不在于竞争而在于合作，全人教育实施过程中就是要学生在受教育过程中加深合作精神的体验，培养人与人相互理解、相互关心的素养，同时将生活中的人际交往进一步深化为人类跨文化的理解与信任，加强学生的全球意识。

（三）强调学生人文精神的培养

全人教育强调学生人文精神的培养，全人教育者在思考如何塑造学生的健全人格并完善其思维方式时，在很大程度上受当代人文主义教育思潮的影响。人类社会自进入工业时代以来，重古典人文的传统教育日渐衰微，科学主义成为各个校园的主导文化。不可否认，在科技发展日新月异的时代，注重实用知识教授与能力的培养具有重大的意义，这种教育方式也极大地促进了社会生产力的进步与技术创新，但同时其自身许多无法避免的弊端也逐渐显露出来。由于学校教育过于偏重实用知识，忽视文学、艺术等人文课程的学习，甚至将很多人文课程视为无用，学校充斥了急功近利的气氛，学生缺少人文关怀，缺少对世界发展的正确的价值观，缺少对周围事物的关心与思考，只是一味地成为物质生产的工具，而学校就成为制造这些工具的"工厂"。人是一个整体，知识教育虽然重要，也仅是人的一部分，除了知识教育以外，还有许多其他部分不容偏废。

全人教育者并不否认知识爆炸的年代里科学知识的重要作用，但主张在学校教育中更多地渗透人文精神。隆·米勒的学说就直接提出，全人教育是用人文教育的方法来达到全人发展的目标。这种人文精神的贯彻要注意两大原则：

第一，全人教育是要在知性认知领域与情意爱恋领域经过"整合"后，成为"平衡"的学习经验，提供给受教育者去发展自我。

第二，全人教育的基础在于信任，信任人类的发展经由"整合"后的教育方式与内容，一定能引导人迈向善良、和谐与不断成长。针对目前学校教育人文精神的缺失，全人教育倡导在教育的各个部分和环节都落实人的精神的培养，孕育人的完美人格。其中一个重要的方面就是大力推行通识教育课程，美国、加拿大等国的学者在全人教育探索方面一枝独秀，其中一个原因在于他们拥有良好的通识教育土壤使之能够在实践领域寻找全人教育的实施路径。通识教育正符合了培养人的整体性的本质精神，是一条贯彻人文思想的捷径，但需要注意的是，如果通识课程中没有人文精神的渗透，没有人的基本品格的培养，那么这种教育也注定无法达到全人教育的根本目的。以全人教育为其终极理想的通识教育应该帮助学生了解人之所以为人的道理、各种永恒的问题，认识其所处时代的特性及其所面临的困境等。总之，只有深刻领会人格、个性与思维的重要性，才能真正培养出理性的、人文的、道德的、精神的全人。

（四）鼓励跨学科的互动与知识的整合

学校教育如果完全按照学科或职业为导向，培养学生单一学科的知识，那么教育者就会完全忽略我们的世界是一个瞬息万变的、庞杂而有机联系的系统。全人教育者认为目前的学校教育将各种知识人为地割裂开来，各门学科相互孤立，世界被拆分为无数的碎片，这直接导致了人的发展也必然是片面的，人的思维方式是孤立的。通识教育的跨学科整合学习就成为达成全人教育的重要途径。爱因斯坦曾说过："用专业知识教育人是不够的，专业教育可以使人成为一个有用的机器，但却不能成为一个和谐发展的人。"全人教育强调学科间的整合学习，并清楚没有任何一种科目、议题或因素可单独解决当今世界发展的相关课题。只有透过学科之间的互动、影响和渗透，超越学科间的各种限制，才能开拓新知识的学习与研究问题的视野，真正将世界还原为一个整体。

（五）主张精神与物质的平衡，注重和谐

全人教育主张学生精神世界与物质世界的平衡，注重生命的和谐与愉悦，联合国教科文组织在《学会生存——教育世界的今天和明天》的报告中指出："为了科学研究和专门化的需要，对许多青年人原本应该充分而全面的培养被弄得残缺不全。为从事某种内容分得很细的工作或者为某种效率不高的工作而进行训练，过高地估计了提高技术才能的重要性而损害了其他更为有人性的品质。"而"全人教育"一改现行教育以"做事"为目的的宗旨，以塑造未来为目的，倡导以"育人"为本，强调以开发人的理智、情感、身心、美感、创造力和精神潜能为教育目的。物质的重要性固然无可否认，但人之所以为人的重要一点正在于人是具有复杂精神世界的个体。而这种精神要素对社会稳定、人类安居乐业等物质环境有着强大的影响力。现代社会物质发展日新月异，而人渐渐成为物质、金钱、名利的奴役，教育的目的被扭曲成学会一种行业并且致富，全人教育者正是针对这种物化的教育观进行改变，主张在人的培养过程中，不仅关注物质世界，而且注重学习过程的愉悦、与人交往的和谐、自我良好品格的养成。

（六）培养整合思维的地球公民

全人教育的最大特色就在于"全"，这不仅仅意味着培养人的全面素质，更蕴含着一

种广阔而博大的世界观。这种世界观向当代社会百态提出严正的挑战，超越个体与小群体，将人与自然、社会交织在一起。全人教育者所关心的不是某个人、某个学校、某个国家的发展，而是从更宽广的角度将整个地球甚至整个宇宙联系在一起。当隆·米勒在谈到 21 世纪的教育方向时认为，新世纪的教育需求是目前这种教育方式难以观察到的，未来的教育必须强调全球的、生态的及灵性的世界观。除此之外，以隆·米勒为代表的全人教育学者认为，所有牵涉人及人类生活的论点，基本上都有其"相关性"。这种教育观必然要求培养出具有全球视角的地球公民，他们关心环境，关心和平，关心全人类。只有这样，教育才真正达到其应有的目的。

二、全人教育在世界各地

（一）我国香港地区全人教育模式

为了满足知识型社会的需要，保持香港的竞争力和经济活力，香港将全力以赴开展教育改革，建立以"全人教育"和"终身学习"为中心的教育体系。香港学校普遍实行"全人教育"，课时教育不是学习的全部内容，在此之外，学生还要参加社会服务、领袖训练、体育及艺术等各种活动，旨在培养学生的全面综合能力。

（二）我国台湾地区全人教育模式

1995 年我国台湾地区教育相关部门发布了一份报告书，将"全人教育、温馨校园、终身学习"定位为我国台湾地区 21 世纪的教育主线；1997 年我国台湾地区陆续在各学校各年级推动生命教育，提出教育改革要以全人教育为目标。2001 年被定为"生命教育年"，希望通过生命教育在校园的推动，营造"全人教育"环境，引导学生全面、健康成长。全人教育理念逐渐为我国台湾地区各类各级学校普遍接受，并日益成为我国台湾地区教育发展的主流方向。

作为一种教育理念，全人教育没有固定的范式，无论是在国外还是在我国台湾地区，人们对其内涵的理解都不尽相同。全人教育是一种理想的教育，是一种"内化式"的教育，是一种教育的高层次理念，体现着教育的贯通性、整合性和多元多样性。在这方面，台湾中原大学比较有影响力。

（三）美国大学的全人教育模式

美国具有标志性的通识教育事件，是在 1943 年 1 月至 1945 年 6 月之间，由哈佛大学校长柯南特领导、哈佛大学教授和校外学界知名人士共同完成的《自由社会的通识教育》报告（即哈佛红皮书）的发表。该报告指出，大学通识教育之目的在于培养完整的人，这种人需具备四种能力：有效思考的能力；能清晰地沟通思想的能力；能做出明确判断的能力；能辨识普遍性价值的认知能力。无论是研究型大学还是地方应用型大学，美国大学的人才培养都重视全人教育理念，体现为不同类型的通识教育课程，呈现多元化和多样化。

如既有哈佛大学的核心课程模式，也有芝加哥大学的经典课程模式及布朗大学的自由选修模式，还有杜克大学的跨学科通识教育课程模式，以及宾夕法尼亚大学通识教育从作为实用的基础，到追求知识的融合，再到追求知识的永恒价值。教育目标都强调知识体系的全面性和基础性，突出能力培养，尤其是表达与交流能力；强调人文素养和创新精神的培养。如美国北卡罗来纳大学彭布洛克校区的全人教育模式。美国学院和大学协会在《为了新的全球世纪的大学学习》报告中，认定了日益获得高等教育界关注的 10 种高影响力教育实践包括：新生研讨课、学生共同体、通识体验项目、写作强化课程、合作作业和项目、本科生科研、多样性或全球学习、服务学习、实习和顶点课程。

（四）英国大学的全人教育模式

英国的全人教育把自由教育和专业教育有机地结合为一体，体现为历史传统的传承和对社会发展需要的适应性。至今，虽然尚未有一个公认的、规范性的全人教育与通识教育的定义，但通识教育实质上包含了双重内涵：一是指非专业教育部分，主要表现为专门的通识课程；二是指一种教育理念和教育观，这一层面上的含义与自由教育基本对等。欧洲的大学虽然没有明确设置专门的通识课程，但同样在精神上继承了源自古希腊的自由教育传统。

英国大学并未在具体学科上对通识教育进行限定，甚至通识教育课程这一名词也没有出现过，但是通识教育的内容并未消失。自由教育所认同和重视的传统能力，包括口头和书面表达能力、解决问题能力、创新能力、团队工作能力等，它们是一般性和可迁移性的能力，可以通过专业教育和联合专业的形式加以实现，联合专业的具体形式有双科专业、三科专业和主副修专业。

三、博雅教育（素质教育）

在现代社会中，博雅教育被认为是一种基于社会中的人的通才素质教育。它不同于专业教育、专才教育。无论是古罗马人的七艺还是中国儒家的六艺，都体现了一种使人性臻于完善的教育理想。其中，古罗马的七艺是指文法、修辞学、辩证法、音乐、算术、几何学、天文学；儒家的六艺是指礼、乐、射、御、书、数。博雅教育的目的不是给学生一种职业训练或专业训练，而是通过几种基本知识和技能，培养一种身心全面发展的理想的人格，或者说发展一种丰富健康的人性。

英国思想家约翰·密尔对博雅教育的总结最为精辟："每件事都知道一点，有一件事知道得多一些。"

哈佛大学杜维明教授考察了中国、美国的博雅教育后是这样总结的："博雅教育在中国被普遍称为素质教育，在美国则被称为 Liberal Arts Education。"虽然对博雅教育的叫法不同，但是各方面都一致认为在传授专业知识的同时，大学应该注重通识教育，提供人文训练，培养人文素质。

博雅教育不主张专业知识的学习，采用的是综合教育，一个学生要应付十多门的课程，教育出来的学生貌似什么都懂，实际上是什么都不精，而且出来工作后在学校学的东西一般都应用不上，加上学得又不精，就造成了知识容易遗忘的现象，遗忘后，学了的知识等于没有学，造成了教育的浪费。中央电视台曾经有个游戏节目《幸运52》就是用小学的知识去考出来工作后的成年人，好多人都答不出小学的题目，就可以说明问题。

在美国，品质最好的大学及规模不大的学院通常采用博雅教育。对极优秀的学生，博雅教育为未来的社会领袖提供比较全面的知识，而且由于学生的学习能力强，广读群书没有问题，哈佛、斯坦福这些精英大学都采用博雅教育的办学精神。

博雅教育不强调学问或知识的专业与实用性，它也不关心知识所对应的职业，相反它更在乎知识的学习对学生心智的启迪。

四、博雅教育在世界各地

（一）我国台湾地区

台湾地区系统的现代博雅通识教育开始于台湾大学。台湾地区教育家虞兆中认为，现代大学和传统儒家教育观一脉相承，学生人格养成应在学校教育中居于重要地位，于是出任台湾大学校长时建立通才教育。随后，台湾各大学相继推行博雅教育。在台湾地区，博雅教育是大学教育的基础组成部分。例如，台湾大学通识教育课程分为文学与艺术、历史思维、世界文明、道德与哲学思考、公民意识与社会分析、量化分析与数学素养、物质科学、生命科学八大领域。

（二）我国香港地区

在香港，唯一一所以博雅教育为宗旨的大学是岭南大学。该校前任校长陈坤耀曾解释博雅教育的宗旨是要教导人"学识广博，生活高雅"。2008年香港教育统筹局于高中课程引入博雅教育。

（三）欧洲

在欧洲，博雅教育的原来意义是中等研习，只是涉足普遍知识及智识技术，着重于知识的传承，而不是专门或者专业技术。博雅教育在欧洲教育历史中的七大范畴被分为"三道"（初等级）和"四道"（高等级）两类。"三道"包括语法、修辞学及辩证法。"四道"包括算术、几何、天文及音乐。这成了欧洲中世纪大学核心课程。虽然曾经只注重古典教育，但随着启蒙时代开始，科学及人文的地位提升，两者在近代都纳入博雅教育的范畴，博雅教育也在欧洲启蒙时代之后被宣传为解放思想及破除成见。

巴黎大学，学生入学时（十四岁或十五岁）先进入博雅学院就读，五六年后从博雅学院毕业，若条件许可，再选择三个专业其中之一继续深造，最后获得博士学位。在此，博雅教育被视为大学的基础教育，是所有进入更高深学习的根基。

（四）美国

在美国，四年制的大学极注重博雅教育，所有学士课程皆要求学生于第一年和第二年受博雅教育之思考训练，而在学士第三年才修读主修课程。另外亦有专注于博雅教育的教学机构，被称为"文理学院"，通常为四年制。其毕业生要在其他的学院如研究生院才能得到专业的培训，例如商业、法律、医学、神学等。

美国境外的学院都受到了这些美国高等学院的启发，包括德国的欧洲博雅学院。这类型的教育未曾在英国出现，他们连博雅教育一词都很少谈及。反而墨尔本维多利亚大学提供两年制 TAFE 文凭课程（博雅文凭课程）。

哈佛大学的前身是哈佛学院（此为博雅学院），美国的这些著名的私立研究型大学，几乎是清一色的从博雅学院日益发展壮大的，而且至今这些研究型大学的大学部本科教育，也几乎都仍然坚持维护博雅教育的传统，坚定地实施以博雅教育为中心的学士班教育。

第二节　适应中国学生的全面人才培养内容

一、中国教育情况

（一）全民终身学习机会进一步扩大

形成更加适应全民学习、终身学习的现代教育体系，现代职业教育体系更加完善。学前教育机会显著增加，义务教育普及成果进一步巩固提升，普及高中阶段教育，高等教育发展进入普及化阶段，继续教育参与率明显提升，学习型社会建设迈上新台阶。

（二）教育质量全面提升

教师素质进一步提高，学校办学条件明显改善，教育信息化实现新突破，形成信息技术与教育融合创新发展的新局面，学习的便捷性和灵活性明显增强。教育教学改革取得重要进展，学生的思想道德素质、科学文化素质、身心健康素质明显提高，社会责任感、法治意识、创新精神和实践能力显著增强，学业水平和自主学习能力、终身学习能力全面提升。

（三）教育发展成果更公平地惠及全民

完成教育脱贫攻坚任务，精准扶贫、精准脱贫的效果充分显现。实现家庭经济困难学生资助全覆盖，困难群体、妇女儿童平等受教育权利得到更好的保障。义务教育实现基本均衡的县（市、区）比例达到95%，学校、城乡、区域间差距进一步缩小，建成覆盖城乡、更加均衡的基本公共教育服务体系。人民群众高质量、个性化、多样化的学习需求得到更好的满足。

（四）人才供给和高校创新能力明显提升

创新型、复合型、应用型和技术技能型人才培养比例显著提高，人才培养结构更趋合理。各类人才服务国家和区域经济社会发展、参与国际竞争的能力显著增强。提高高等教育发展水平，若干所大学和一批学科进入世界一流行列，若干学科进入世界一流学科前列，在高校建成一批服务国家战略的创新基地和新型智库，创新服务能力全面提升，涌现一批重大创新成果，促进培育新动能，推动文化繁荣和社会进步，增强国家核心竞争力。

（五）教育体系制度更加成熟定型

教育法律法规体系和执法体制机制更加健全，教育标准、监管、评价、督导、投入保障、教师队伍建设等基础性制度体系更加完善，社会力量参与举办教育、参与教育改革发展的制度更加完备有效。基本实现管办评分离，形成政府依法管理、学校依法自主办学、社会各界依法参与和监督的格局，教育治理体系更加健全，治理能力现代化水平明显提升。

教育改革发展必须紧紧围绕全面提高教育质量这个主题，把立德树人作为根本任务，全面实施素质教育，积极培育和践行社会主义核心价值观，更新育人理念，创新育人方式，改善育人生态，提高教师素质，建立健全各级各类教育质量保障体系，全面提升育人水平。全面落实：提升学生思想道德水平；培养学生创新创业精神与能力；强化学生实践动手能力；塑造学生强健体魄；提高学生文化修养；增强学生生态文明素养；提高学生综合国防素质。

二、全面人才的七维素养

我国高校要提高应用型、技术技能型和复合型人才培养比重。新增高等教育招生计划主要向应用型、技术技能型人才培养倾斜。但是作为中国的高校体制，改革并不是一件可以说到做到的事情，这需要时间也需要过程，尤其在研究型大学转型为应用型方面，是一项漫长的工作，在教学方面，培养应用型人才的教学部分改革也往往是浮于表面而难动其内在。所以现在的学生更多地要依靠大学的学习本质——自学，来实现全面的发展。

结合海内外的优秀人才培养模式和我国社会发展需要、个人成长发展需要，归纳出七个重要的全面人才的核心素养，无论学生的毕业去向、职业发展规划是哪一种类型，无论学生自身的能力、性格等属性是哪一个水平，无论学生所处的学校、地区及所学的专业为何，都可以运用这七个维度的核心素养提升自己，以成为适应于社会发展的未来全面人才。

下面对全面人才的七维素养进行介绍。

（一）职业素质

职业素质不是传统意义上的以职场为最终目的而辐射的职场能力的含义，它在这里是一个核心素养模块，具有学生教育的属性，它意味着一个学生以进入社会职场为导向，所学习提高的各项要素的总和。因为每个人最终都是要走入社会的，而在社会生存都需要一项与多项的职业技能；拥有清晰的职业发展规划，进行人生规划时可以对某些方面进行有针对性的提升；学以致用，把所学加以实践，并通过实践发现更多的未知；获取职业所需的各类基础素质能力等。

（二）视野眼界

视野眼界可以理解为一个庞大立体的概念，视野是一种宽度，眼界是一种深度，两者一同构建出一个全面人才的内在属性。现在很多大学和相关机构、媒体也纷纷在倡导大学生全球视野等的概念，可想而知在现在的社会当中，只有跟得上时代的发展，拥有足够宽广的视野才能适应社会的发展。而眼界则是在视野基础上的升华，因为拥有了视野而提高了眼界，为思考和做决定提供了重要的养分。

（三）兴趣技能

兴趣技能可以理解为是博雅教育的一个体现，在当今的时代，信息的丰富与竞争的激烈，拥有更多的兴趣爱好和生活技能的人，有机会能在社会上发展得更有前途，并且比没有兴趣特长的人更容易融于一个团队，更易于在茫茫人海中凸显自己，获得成功的机会和交友的机会。而生活技能的学习，是填补从独生子女制度开始以来，80后、90后、00后学生在生活上许多方面不足的地方，让学生获得更多可以独立生活的技能以及协助团体生活的技能。

（四）社交人际关系

社交人际关系可以拆分理解，前部分是强调学生社交方面的能力，因为现在的许多学生缺乏社交的本领、胆量、技巧，而社交又是在社会上立足的最基本技能。人际关系是现在社会发展尤为重要的一块资源，现在已经不是过去靠一人就可以解决各种问题的时代，每时每刻都需要团队合作，而我们除了固定的血缘关系、纽带关系外，其他很多方面的人际关系都是要特意去积累与经营的。

（五）学术知识

学术知识泛指大学所学专业的知识，其延伸还会包含一门外国语言的运用或计算机等科技工具的操作。学术知识不仅限于本专业的知识，所有在大学期间可以在学校进行学习的内容都属于学术知识的范畴内。

（六）心理素质

心理素质是现今时代尤为需要重视的一个方面，因为时代发展的许多原因导致当代的年轻人在心理层面比过去的学生要相对敏感、相对脆弱、更以自我为中心等。智力很高，但是心力却没能跟上智力的快速成长，这就是问题的根源。

（七）身体素质

身体素质一般是指人体在活动中所表现出来的力量、速度、耐力、灵敏、柔韧等机能。身体素质是一个人体质强弱的外在表现。这项核心素养自古以来在每一个时代都是尤为重要的部分，而现代学生的身体素质呈逐年下降的趋势，实在让人担忧。

第三节　全面人才自我管理与个人发展规划

现实生活中经常会出现的画面是，一个学生在阅读到、学习到、听到一些非常有意义、有正能量的内容后，他可以在短时间内非常的兴奋，认为自己终于找到了人生的目标，找到了一条适合自己的道路，但是持续的时间却可能只是一个月、一个星期，甚至只有半天。到了第二天，又恢复到那个明日复明日的懒惰的样子了。

所以，无论再好的教育体系、培养模式，再适合自己的内容，也敌不过一个人的习惯和自我管理模式。因此本节着重讲一下全面人才应该掌握的自我时间管理、自我情绪管理，以及全面人才培养的七维素养与个人发展规划的结合。

一、自我时间管理

一天有 24 小时，每小时有 60 分钟，每分钟有 60 秒，那就意味着我们每个人每天拥有 86400 秒。你的每一秒会怎么使用呢？就如你把它想象成是每天有人给你 86400 元，而你必须每天花完它们，然后第二天就会再次给你 86400 元；假如哪一天你没有花光这些钱，你或许就不再拥有第二天的钱了。

假如是这样，那你每天要怎样去使用你的 86400 秒呢？我们需要深刻地对时间有所认识，才能够有效地去安排好时间，制订出行而有效的时间表来，最大限度地去完成每一天那些重要的事情。

我们一起阅读下面几句话，然后再开始我们的时间管理课程内容：失去的时间是永远无法追回的；我们都有相同的时间，真正的价值在于我们利用它做什么事；损失了时间就等于抵押你的未来；时间是经不起浪费的，时间一流逝，我们就一无所获。

（一）时间管理的方法

1.8020 原则

20% 的工作占整个工作 80% 的价值，集中 80% 的精力做好 20% 的工作，投入 20% 的精力做另外 80% 的工作。

如何坚持这一原则呢？列出全部工作项目，对工作按价值进行分类，分配自己的时间和精力。

2.ABC 原则

A：必须做的。B：应该做的。C：暂时可以不做的。

3.排列优先次序

运用四象限原理去解析，如图 1-1 所示。

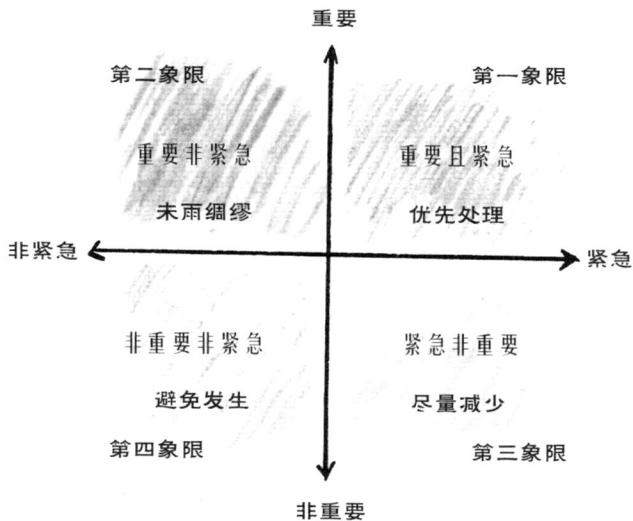

图1-1　时间管理四象限

事情的等级状态可以随时间的改变而变化——提前完成，尽量将第一象限推为第二、三、四象限。

时间管理四象限使用技巧：不要总是做灭火员，尤其是灭自己的火；第二象限做得多了，第一象限就自然做得少了；寻求调整自己情绪的有效办法，提高工作效率；比做"紧急且重要的事情"，更重要的是把重要的事变成紧急的事去做；勤于计划，好记性不如烂笔头，并学会分解大的计划；尽量将每件事情一次性做对。

4.制订原则

对工作做出计划，并按计划去执行，必须留出处理不可预计事务的时间，列出日、周、月的工作清单。

用几句言简意赅的话来讲：明确目标——量化，分清轻重缓急——主次，制订计划表，立即行动。

（二）时间管理的11个技巧

1.价值观吻合

自己一定要确立个人的价值观，假如价值观不明确，你就很难知道什么对自己最重要，当你价值观不明确，时间分配一定不好。时间管理的重点不在于管理时间，而在于如何分配时间。你永远没有时间做每件事，但你永远有时间做对自己来说最重要的事。

2.设立明确的目标

成功等于目标，时间管理的目的是让自己在最短时间内实现更多你想要实现的目标；你必须把4～10个目标写出来，找出一个核心目标，并依次排列重要性，然后依照你的目标制订一些详细的计划，关键就是依照计划进行时间分配。

3.改变自己的想法

美国心理学之父威廉·詹姆斯对时间行为学的研究发现这样两种对待时间的态度："这件工作必须完成，它实在讨厌，所以我能拖便尽量拖"和"这不是件令人愉快的工作，但它必须完成，所以我得马上动手，好让自己能早些摆脱它"。当你有了动机，迅速踏出第一步是很重要的。不要想立刻推翻自己的整个习惯，只需强迫自己现在就去做你所拖延的某件事。然后，从明早开始，每天都从你的时间计划表中选出最不想做的事情先做。

4.遵循 20 比 80 定律

生活中肯定会有一些突发和急需解决的问题，如果你发现自己天天都在处理这些事情，那表示你的时间管理并不理想。成功者花最多时间在做最重要的事情，而不是最紧急的事情上，然而一般人都是做紧急但不重要的事。

5.安排"不被干扰"时间

每天至少要有半小时到一小时"不被干扰"的时间。假如你能有一个小时完全不受任何人干扰，把自己关在自己的空间里面思考或者工作，这一个小时的效率可以相当于你一天的工作效率，甚至有时候这一小时比你 3 天工作的效率还要好。

6.严格规定完成期限

帕金森在其所著的《帕金森法则》中，写下这段话："你有多少时间完成工作，工作就会自动变成需要那么多时间。"如果你有一整天的时间可以做某项工作，你就会花一天的时间去做它。而如果你只有一小时的时间可以做这项工作，你就会更迅速有效地在一小时内做完它。

7.时间日志

你花了多少时间做哪些事情，把它详细地记录下来，早上出门（包括洗漱、换衣、吃早餐等）花了多少时间，搭车花了多少时间，出去拜访客户花了多少时间……把每天花的时间一一记录下来，你会清晰地发现浪费了哪些时间，这和记账是一个道理。当你找到浪费时间的根源，你才有办法改变。

8.理解时间大于金钱

用你的金钱去换取别人的成功经验，一定要抓住一切机会向顶尖人士学习。仔细选择你接触的对象，因为这会节省你很多时间。假设与一个成功者在一起，他花了 40 年时间成功，你跟 10 个这样的人交往，你不是就浓缩了 400 年的经验？

9.学会列清单

把自己要做的每一件事情都写下来，这样做首先能让你随时都明确自己手头上的任务。不要轻信自己可以用脑子把每件事情都记住，而当你看到自己长长的表单时，你也会产生紧迫感。

10.集中高效工作

假如你在做纸上作业，那段时间都做纸上作业；假如你是在思考，花一段时间只用于思考；打电话的话，最好把电话累积到某一时间一次把它打完。当你重复做一件事情时，你会熟能生巧，效率一定会提高。

11.统筹分配时间

你必须思考一下要做好一份工作，到底哪几件事情是对你最有效率的，列下来，分配时间把它做好，始终直瞄靶心。

（三）最简单的时间管理

在大学中，时间的管理与年级、性别等因素有关联，女生比男生的时间管理信心和时间管理能力都要更好些，大一新生比其他年级学生更好些。随着年级的增长，或许是学习的枯燥和压力的增加，许多学生的斗志减弱了，被许多不良的成分影响了。

当然，学习成绩优秀的学生也是比其他学生更善于时间管理，更善于抓住和利用时间。时间管理能力强的人，普遍都可以快捷地完成任务，腾出更多的时间做更多丰富精彩的事情。歌德说过："善于利用时间的人，永远有充裕的时间。"下面，我们分享一些每个人都可以轻而易举做到的事情。

1.学会拒绝

无论社会上的成年人还是学生，大部分人都在面临一种自己为自己种下的"牢笼"，那就是道德牢笼，当有人请你帮忙的时候，你总是要说"没问题""行，小意思"。这或许可以让我们显得很高尚很仗义，但是我们许多时候有没有想过自己有一个很紧要的事情，只因为别人很礼貌地请你帮忙，你自身的计划就被打乱了。牺牲自己原有的计划，而去做了或许本不是很重要的事情。

2.关掉电脑／手机

如果你长达 7 年不玩电脑、手机，你就会比那些每周平均花费 34 小时在电脑、手机娱乐上的人来说多了 12376 小时。当然这里不是说绝对不玩电子产品，例如每天适当地放松半个小时，但是只有半个小时的话，你还是可以使用 11000 多个小时做很多事情，追赶上那些疯狂的人。

3.关掉通知

现代科技已经进化到可以利用我们对紧急事件的嗜好了：邮件、微博、QQ、知乎等争先恐后地抢走我们的注意力。幸运的是，有一个简单的方法就可以解决它：那就是关掉所有的通知。当你有时间且思想不集中的时候再去处理那些事情，比如饭后休息的时候，然后把那些事情集中解决，这样可以节省许多时间。

4.制订优先级计划

人类是种很有趣的生物，如果你要去见朋友，你得安排一个确定的时间去看他，但是如果你有一些事情恰恰是和你自己有关系的，比如写一本书，或者去健身房，那么你却不会安排好日程。你就是想避开它。把你优先级最高的事情视作你要赶上的航班：预先约定好时间，然后对所有阻挡你的航班的事情说不。

5.最重要的事情先做

你现在能做的最重要的（不是最紧急的）事情是什么？今天做一部分。记住分散你注意力的冲锋队是无穷无尽的，别用"我就先做这些事情，一会再做那些最重要的事情"这样的想法骗自己。你不是靠这些借口活着的。

6.花更多的时间，做更少的事情

你可能有成百上千件事要做，有一个小诀窍是一天最多做一到三件事，而且持续为之努力。你的大脑不喜欢这个限制，其他人也不会喜欢这个限制。但是无论如何请这样做。把自己的注意力放在一件事情上要比同时做多件事要有效率得多。为熟练自己的工作多匀一点时间出来。

7.学会忽略

忽略是很粗鲁、不道德但是却相当必要的。总是有些人你是没空去搭理他们的，你必须允许自己忘记一些请求。你可以晚一点去做打扫、付账单、回复邮件这些事情，这个世界是不会崩溃的。而这样做的报酬是你完成了那些真正重要的事情。

高中时候的学生是很少会去浪费时间的，因为他有清晰的目标，而当他们考进大学后，会开始不知不觉地浪费时间，这是迷茫的一种开始，所以，要学会本节关于时间管理的方法和窍门。

二、自我情绪管理

（一）情绪的含义

情绪是人们对客观事物或对象所持有的主观认知经验的统称，是人的各种感觉、思想和行为的一种综合的心理和生理状态。最普遍、通俗的情绪有喜、怒、哀、惊、恐、爱等，也有一些细腻微妙的情绪如嫉妒、惭愧、羞耻、自豪等。情绪常和心情、性格、脾气、目的等因素互相作用，也受到荷尔蒙和神经递质影响。无论正面还是负面的情绪，都会引发人们行动的动机。尽管一些情绪引发的行为看上去没有经过思考，但实际上意识是产生情绪的重要一环。人的情绪有天生也有后天控制的成分，而我们常说的情商就是指情绪商数，而并非情感商数。

情绪既是主观感受，又是客观生理反应，具有目的性，也是一种社会表达。情绪是多元的、复杂的综合事件。情绪构成理论认为，在情绪发生的时候，有五个基本元素必须在短时间内协调、同步进行。

1.认知评估

我们注意到外界发生的事件（或人物），认知系统自动评估这件事的感情色彩，因而触发接下来的情绪反应（例如，看到心爱的宠物死亡，主人的认知系统把这件事评估为对自身有重要意义的负面事件）。

2.身体反应

情绪的生理构成，身体自动反应，使主体适应这一突发状况（例如，意识到死亡无法挽回，宠物的主人神经系统觉醒度降低，全身乏力，心跳频率变慢）。

3.感受

人们体验到的主观感情（例如，在宠物死亡后，主人的身体和心理产生一系列反应，主观意识察觉到这些变化，把这些反应统称为"悲伤"）。

4.表达

面部和声音变化表现出这个人的情绪，这是为了向周围的人传达情绪主体对一件事的看法和他的行动意向（例如，看到宠物死亡，主人紧皱眉头，嘴角向下，哭泣）。对情绪的表达既有人类共通的成分，也有各地独有的成分。

5.行动的倾向

情绪会产生动机（例如，悲伤的时候希望找人倾诉，愤怒的时候会做一些平时不会做的事）。

（二）大学生情绪的特点及影响

由于在知识结构、社会经验、认知等方面的劣势，大学生挫折体验深刻、持久，容易产生以下消极情绪。

1.自卑

自卑在大学生中特别是新生中比较常见，来自各地的新生涌入强手如云的大学，大学生在很多方面都不能适应，因为许多在中学不可预见的因素出现，自卑的情绪也就出现了，这种情绪的表现有行为猥琐、瞻前顾后、多愁善感等。

2.焦虑

在竞争压力较大的大学环境当中，大学生经常会对环境中的各种事件感到担忧或不安，焦虑自然就产生了，这种情绪往往导致大学生无所适从，扰乱大学生正常学习和生活。

3.孤独

大学生有独特的个性，这种个性阻碍了他们之间的关系，这也造成了大学生团队合作精神的缺乏。这是一种孤单寂寞的心态，通常表现为渴望与人交往，也不存在厌烦他人、对他人有戒备的心理，在与人交际时一切如常，绝不会有做作使人感到不舒服的表现。

4.抑郁

大学生因为生活中一些不如意的事情在某些时候觉得情绪低落。生活中经常听到有人说"郁闷""烦躁""别理我，烦着呢"等，成为与"爽""酷"等流行语齐名的口头禅。实际上这些词都是抑郁情绪的代名词。

5.易怒

青春期的大学生由于内分泌系统处于非常活跃的阶段，大脑神经过程的抑制和兴奋发展不平衡，自制力较差，容易冲动。

在日常的生活中，由于自身原因和外界综合因素造成的心理和情感上的波动，不但会影响大学生的学习和生活，还对大学生的人生观、世界观和价值取向的形成与塑造起着不可忽视的作用，尤其是表现在对大学生的健康、学习和人际关系的影响上。

（三）情绪管理

情绪管理是指通过研究个体和群体对自身情绪和他人情绪的认识、协调、引导、互动和控制，充分挖掘和培植个体和群体的情绪智商，培养驾驭情绪的能力，从而确保个体和群体保持良好的情绪状态，并由此产生良好的管理效果。下面列举六种情绪管理的方法。

1. 心理暗示法

从心理学的角度来讲，心理暗示法就是个人通过语言、形象、想象等方式，对自身施加影响的心理过程。这个概念最初由法国医师库埃于 1920 年提出，他的名言是"我每天在各方面都变得越来越好"。自我暗示分消极自我暗示与积极自我暗示。积极自我暗示，在不知不觉之中对自己的意志、心理以至生理状态产生影响，积极的自我暗示令我们保持好的心情、乐观的情绪、自信心，从而调动人的内在因素，发挥主观能动性。心理学上所讲的"皮格马利翁效应"也称期望效应，就是讲的积极的自我暗示。而消极的自我暗示会强化我们个性中的弱点，唤醒我们潜藏在心灵深处的自卑、怯懦、嫉妒等，从而影响情绪。

与此同时，我们可以利用语言的指导和暗示作用，来调适和放松心理的紧张状态，使不良情绪得到缓解。心理学的实验表明，当个人静坐时，默默地说"勃然大怒""暴跳如雷""气死我了"等语句时心跳会加剧，呼吸也会加快，仿佛真的发起怒来。相反，如果默念"喜笑颜开""兴高采烈""把人乐坏了"之类的语句，那么他的心里面也会产生一种乐滋滋的体验。由此可见，言语活动既能唤起人们愉快的体验，也能唤起不愉快的体验；既能引起某种情绪反应，也能抑制某种情绪反应。因此，当我们在生活中遇到情绪问题时，我们应当充分利用语言的作用，用内部语言或书面语言对自身进行暗示，缓解不良情绪，保持心理平衡。比如默想或用笔在纸上写出下列词语："冷静""三思而后行""制怒""镇定"等。实践证明，这种暗示对人的不良情绪和行为有奇妙的影响和调控作用，既可以松弛过分紧张的情绪，又可用来激励自己。

2. 注意力转移法

注意力转移法，就是把注意力从引起不良情绪反应的刺激情境，转移到其他事物上或从事其他活动的自我调节方法。当出现情绪不佳的情况时，要把注意力转移到使自己感兴趣的事上去，如外出散步，看看电影、电视，读读书，打打球，下盘棋，找朋友聊天，换换环境等，有助于使情绪平静下来，在活动中寻找到新的快乐。这种方法，一方面中止了不良刺激源的作用，防止不良情绪的泛化、蔓延；另一方面，通过参与新的活动特别是自己感兴趣的活动而达到增进积极的情绪体验的目的。

3. 适度宣泄法

过分压抑只会使情绪困扰加重，而适度宣泄则可以把不良情绪释放出来，从而使紧张情绪得以缓解、放松。因此，遇有不良情绪时，最简单的办法就是"宣泄"，宣泄一般是在背地里、在知心朋友中进行的。采取的形式或是用过激的言辞抨击、谩骂、抱怨恼怒的对象；或是尽情地向至亲好友倾诉自己认为的不平和委屈等，一旦发泄完毕，心情也就随之平静下来；或是通过体育运动、劳动等方式来尽情发泄；或是到空旷的山林原野，拟订一个假目标大声叫骂，发泄胸中怨气。必须指出，在采取宣泄法来调节自己的不良情绪时，必须增强自制力，不要随便发泄不满或者不愉快的情绪，要采取正确的方式，选择适当的场合和对象，以免引起意想不到的不良后果。

4. 自我安慰法

当一个人遇有不幸或挫折时，为了避免精神上的痛苦或不安，可以找出一种合乎内心需要的理由来说明或辩解。如为失败找个冠冕堂皇的理由，用以安慰自己，或寻找的理由强调自己所有的东西都是好的，以此冲淡内心的不安与痛苦。这种方法，对帮助人们在大挫折面前接受现实、保护自己、避免精神崩溃是很有益处的。因此，人们在遇到情绪问题时，经常用"胜败乃兵家常事""塞翁失马，焉知非福""坏事变好事"等词语来进行自我安慰，可以使自己摆脱烦恼，缓解矛盾冲突，消除焦虑、抑郁和失望，达到自我激励、总结经验、吸取教训之目的，有助于保持自己情绪的安宁和稳定。

5. 交往调节法

某些不良情绪常常是由人际关系矛盾和人际交往障碍引起的。因此，当我们遇到不顺心、不如意的事，有了烦恼时，能主动地找亲朋好友交往、谈心，比一个人独处胡思乱想、自怨自艾要好得多。因此，在情绪不稳定的时候，找人谈一谈，具有缓和、抚慰、稳定情绪的作用。另外，人际交往还有助于交流思想、沟通情感，增强自己战胜不良情绪的信心和勇气，从而能更理智地去对待不良情绪。

6. 情绪升华法

升华是改变不为社会所接受的动机和欲望，而使之符合社会规范和时代要求，是对消极情绪的一种高水平的宣泄，是将消极情感引导到对人、对己、对社会都有利的方向去。如一同学因失恋而痛苦万分，但他没有因此而消沉，而是把注意力转移到学习中，立志做生活的强者，证明自己的能力。

在上述方法都失效的情况下，仍不要灰心，在有条件的情况下，去找心理医生进行咨询、倾诉，在心理医生的指导、帮助下，克服不良情绪。

三、全面人才与个人发展规划的关系

通过本章的介绍，同学们已经发现，全球各个国家均在为了培养全面人才而努力着。不同的国家、不同的大学也都纷纷拥有各自不同的教育体系、教学理念、培养目标、培养方式，但是这些都是属于体制和机构固有的内容，而在这个要适应社会发展而成长的环境下，每名学生要学会无论你处在怎样的环境下，如城市、学校、学院、专业、宿舍、圈子、家庭，你都不要因其而对自己形成固化的认知。我们的路要自己去规划。

（一）全面人才与专才

多年以来，对全面人才与专业人才的争论和矛盾就一直存在，他们的矛盾存在是有意义的，但是却与本书提倡的全面人才是不同的，因为这首先是对全面人才一词的理解问题出现了偏差。

普遍存在的矛盾根源是来自通才教育与专才教育间的矛盾，因为通才是在博雅教育和通识教育的体系下发展而来，它提倡了人格修养的带入。这方面的教育对一个完整的人的培养是有所益处的，但是对大学生毕业后进入社会到底有多少益处呢？这是一个未知数，正是这未知数带来了许多的争论。

而本书提到的全面人才，是基于以社会发展和个人发展为前提的全面素养提升，是一种接地气的完整的人。因此并不是矛盾争议的那个通才。当然还有部分人会夸张地理解为专才只会一门技能，全才就是会多门技能，这是不对的。

（二）全面人才让人生变得充满意义

有学生会问，假如未来有一天，人人都是全面人才，那社会上能有多少管理岗位，不可能人人都做管理者，那会不会全面人才过剩了呢？能这样想的学生是很好的，证明你学会了善于思考的习惯和批判思维的习惯。

首先，全面人才不是指传统意义上的人中龙凤、稀缺人杰的含义。它象征的是一种代名词，一种水平和能力达到一定程度的人的统称。一个国家要进步，社会要进步，要靠整体国民素质、国家人才水平的提高来实现，所以学生要普遍达到全面人才水平，全面人才是对未来的劳动者的基本称谓。换言之，我们可以理解为，现在能达到全面人才的学生，你有很大机会成为管理者，再过若干年后全面人才就在同一起跑线了，假如达不到，就会落后被淘汰。

其次，全面人才不仅是一种综合能力的表现，它也是一种心境的表现。因为每位全面人才的视野眼界都是较高的水平。曾经有一个笑话，说的是在美国，一个年轻人兴高采烈地坐进一辆出租车要赶紧回家，司机问他你为什么这么开心呀，年轻人说我终于拿到哈佛大学的毕业证书了，我要赶紧回家去和家人分享。司机说原来这样呀，我是你六届以前的学长。原本这个笑话是想表达大学生的普遍性和就业形势的艰难，可是我们通过相同的笑话可以看到的是，这位大六届的哈佛大学学长，为什么不可以说是因为他看透美国商业社会的本质，自己选择了做一个自由的出租车司机，他不觉得这份职业有哪里不妥，反而这也许是他认为最开心的个人发展规划呢？

成功，是因人而异的，三百六十行，行行出状元，一千人眼里有一千个哈姆雷特，只要是符合我们自身的个人发展规划，符合我们自己内心所想要的，符合社会发展需要的，就是正确的规划。

第二章　大众教育视阈下的学习观

第一节　自主学习观

一、为什么要确立自主学习观

自主学习就是学生自己主动地学习、有主见地学习。

在传统教育理论中，教师是教育的主体，学生是教育的客体。现实的教育活动中，也有许多教育工作者确实存在着只把自己看作主体、把学生看作客体的倾向，而许多学生也只是把自己当作单纯接受知识的消极被动的"要我学"的客体。因此，现实生活中的相当多的学习者在学习过程中完全依赖教师、学校和外部环境，把自己的大脑当作接受知识的白板，甚至自身的学习兴趣、情感也完全依赖教师和外部环境引发。这种学习者缺乏自觉主动学习的愿望和要求，把学习当作完全迫于社会、家庭和他人的种种压力不得已而为之的额外负担。这种学习者往往习惯于被动接受灌输，而不善于主动探求和消化知识，习惯于让书本知识、教师和外部环境牵着自己的鼻子走，而不是主动驾驭书本知识和外部环境。这种传统的学习观念应该为"自主学习"的新观念所取代。

确立自主学习观念，就意味着教育者不仅把学生当作教育对象，也应该把学生看作认知主体，学生更应该把自己看作主人。在学习过程中始终以积极主动的态度对待学习，不是迫于社会和外界的种种压力去学习，而是发自内心地对知识有一种强烈的渴望和追求精神。联合国教科文组织的报告《学会生存——教育世界的今天和明天》指出："教育已不再是从外部强加在学习者身上的东西，也不是强加在别的人身上的东西。教育必然是从学习者本人出发的。""我们今天把重点放在教育与学习过程的'自学'原则上，而不是放在传统教育学的教学原则上。""新的教育精神使个人成为他自己文化进步的主人和创造者。自学，尤其是在帮助下的自学，在任何教育体系中，都具有无可代替的价值。""我们应使学习者成为教育活动的中心；随着他的成熟程度允许他有越来越大的自由；由他自己决定他要学习什么，他要如何学习以及在什么地方学习与受训。这应成为一条原则。"

这里所说的"自学"原则就是"自主性学习"原则，就是发自学习者内心的自觉自愿的主动性极强的"我要学"的学习原则和学习观念。

大学生尤其要确立自主学习观，因为：

第一，从大学学习任务看，大学学习是为了培养高级专门人才打基础、做准备的。一个高级专门人才必须具备自学能力、独立工作能力以及分析问题和解决问题的能力，而这些能力的培养和提高必须以大学生能很好地开展自主学习为前提。

第二，从大学的学习条件看，大学有学识渊博的教师群体、设备先进的实验场所、藏书丰富的图书馆等，这为大学生自主学习提供了优越的学习条件。

第三，从大学生教学管理方式看，大学的教学管理实行学分制，学分制要求学生根据自身情况，有计划、主动地选读不同课程来获取知识，构建自己的知识结构，并允许学生进行跨专业、跨系选修，使自己的知识结构由单一化向多样化方向发展。而这些要求能否实现，取决于学生是否有相当高的学习自觉性，是否能主动地、有主见地学习。

第四，从大学生自身的身心发展看，大学生一般是 20 岁左右的青年，他们的生理和智力上趋于成熟，辩证思维能力达到较高水平并趋向成熟和完善，人生观、世界观逐步形成。这些都为大学生的自主学习准备了良好的身心基础。

当然，自主学习并不是贬低教师的作用。它与学生想学什么就学什么的"自由学习"有着本质上的区别。大学生要善于因师而学，通过从师而学而达到无师自通。

二、自主学习的特征

1. 主动性

主动性是自主学习的首要特征，它对应传统学习的被动性。二者在学生的具体学习活动中表现为："我要学"和"要我学"。"我要学"是基于学生对学习的一种内在需要；"要我学"则是基于外在的诱因和强制。学生学习的内在需要首先表现为学习兴趣。学生有了学习兴趣，才有旺盛的求知欲，学习活动对他来说就不是一种负担，而是一种享受，一种愉快的体验，因此就会越学越想学、越爱学。有兴趣地去学习事半功倍，相反，如果学生对学习不感兴趣，在逼迫的状态下被动地学习，学习的效果必定是事倍功半。其次，表现为学习责任。学生有了学习责任感，就有了主人翁精神，进而才能自觉地把学习跟自己的生活、成长、发展有机联系起来，做到真正的有意义的学习。

2. 能动性

能动性也是自主学习的重要特征。自主学习要求学生对为什么学习、能否学习、学习什么、如何学习等问题有自觉的意识和积极的反应，能对自己的学习进行自我计划、自我调整、自我指导、自我强化。即在学习活动之前，能够自己确定学习目标、制订学习计划、选择学习方法、做好学习准备；在学习活动之中，能够对自己的学习过程、学习状态、学习行为进行自我观察、自我审视、自我调节；在学习活动之后，能够对自己的学习结果进行自我检查、自我总结、自我评价和自我补救。

3.独立性

自主学习的主动性和能动性必然带来它的独立性，而且，在某种意义上所谓自主性就是独立性。所以，独立性是自主学习的核心特征，相对传统学习的依赖性而言，自主学习者都具有独立的意识、独立的人格、独立的追求。他们不依赖于教师、学校、社会、家庭及他人的安排和帮助，不拘泥于书本，不满足于教师的传授；能按照既定目标，独立探求知识，主动驾驭与自己的学习。

第二节　终身学习观

一、终身教育的提出：教育史上的哥白尼革命

终身教育、终身学习的思想在古希腊、古罗马以及在古中国、古印度的时期就已经出现了。但这些思想最终汇集成为一股强大的思潮、一种意义深远的理念以及一个完整的科学体系，进而在全世界被广泛提倡、推广和普及，则无疑要归功于联合国教科文组织多年来的大力倡导和积极推行。

早在20世纪40年代末至60年代初，联合国教科文组织就开始着手终身教育的系统研究，并在各种不同场合，就终身教育的提倡及实施的可能性展开讨论。1965年12月，联合国教科文组织第三届成人教育委员会在巴黎召开成人教育促进国际会议，当时的会议议长、成人教育计划处处长保罗·朗格朗正式向会议提交了"关于终身教育"的提案。他认为，数百年来把人生分成两半，前半生用于受教育，后半生用于工作，是毫无科学根据的。接受教育应当是一个人从出生到死亡永不休止的事情，教育应当在每个人需要的时候以最好的方式提供必要的知识技能。朗格朗的提案经会议讨论形成决议后被联合国教科文组织以研究报告书的形式公开发表。从这次会议开始，终身教育思想在世界各国迅速传播。

1970年，联合国教科文组织第16届会议通过了一项决议，授权总干事勒内·马厄成立国际教育发展委员会，其任务是提交一份有关终身教育的报告供教科文组织及会员国在制定教育政策时参考。这个委员会由埃德加·富尔任主席，从1971年3月开始工作，在一年多的时间里先后举行了6次会议，对23个国家进行了实地考察，研究了70多篇有关世界教育形势和改革的论文，于1972年5月完成了题为《学会生存——教育世界的今天和明天》的报告。这篇报告使终身教育思想得到进一步系统化和理论化，从而正式确立了终身教育思想的国际地位。

这篇著名的报告，从历史和现实两个角度对终身教育进行了全面的论证和阐述。报告指出，由于时代的变化及社会的发展，教育在现代社会中正扮演着前所未有的角色。这

就要求教育必须面向现实和人类的新需要，冲破千百年来对教育机构、体制、内容、方法上的种种限制，体现教育的真正本性——完整的终身教育。"我们再也不能刻苦地、一劳永逸地获取知识了，而是需要终身学习如何去建立一个不断演进的知识体系——'学会生存'。"

正如查尔斯·赫梅尔所说，终身教育的想法是简单的，但就其效果而言，"终身教育概念的提出可以与哥白尼的革命相比，它是教育史上最引人注目的事件……终身教育孕育着真正的教育复兴。"终身教育思想已成为各国重新阐述教育，重新改写教育学和进行教育改革的指导原则。

二、为什么要确立终身学习观

与终身教育并列，联合国教科文组织在 1976 年 11 月召开的第 19 次全体会议通过的《关于发展成人教育的报告》中，提出了终身学习概念。终身学习强调的是学习者自身的进取和努力。没有自身的积极性、主动性和创新性，终身教育是无法实现的。从这个意义上讲，提倡终身学习是对终身教育的进一步推动和发展，二者在本质上及对人的发展的促进作用方面是一致的。

什么是终身学习？由欧洲终身学习促进会提出、并经 1994 年 11 月在意大利罗马举行的"首届世界终身学习会议"采纳的终身学习的定义是："终身学习是 21 世纪的生存概念。终身学习是通过一个不断的支持过程来发挥人类的潜能，它激励并使人们有权利去获得他们终身所需要的全部知识、价值、技能与理解，并在任何任务、情况和环境中有信心地、有创造性地和愉快地应用它们。"我们认为，把终身学习提到"生存概念"的高度，是人类对知识经济和知识社会的积极响应，也意味着知识经济时代的学习观念将发生根本性的改变，即把学习从单纯接受学校教育的学习中扩展开来，并从少数人的学习扩展到所有的人，从阶段性的学习扩展到人的终身，从被动的学习发展到主动的学习，从而使学习真正成为所有人终身的行为习惯和自觉行动。

终身学习是新世纪知识经济、知识社会发展和人的发展的必然要求。

首先，21 世纪是科技发展日新月异和知识、信息呈爆炸式膨胀的时代。随着知识总量的迅猛扩张，知识更新速度也在加快。国外有研究表明，在农业经济时代，人们只要在 7～14 岁接受教育，就足以应付往后 40 年工作生涯之所需；在工业经济时代，人们求学的时间延伸为 5～22 岁；而在知识经济时代，学习将成为人们的终身需要。人们只有不断学习，不断更新知识，才能跟上时代的步伐。

其次，21 世纪是经济结构和就业结构发生重大变化的时代。从历史发展上说，人类社会劳动的历史贯穿着不断从改造传统产业到形成新兴产业的发展过程。从国外的经验看，随着科技创新的进程而引起就业结构变化的特点，一是服务业对劳动力的需求越来越高于物质生产部门，二是脑力劳动者数量越来越高于体力劳动者。因此，在 21 世纪，劳动者不断地从低技能职位向高技能职位迁移将成为必然趋势，知识劳动者将成为社会劳动力的主体。社会劳动力的这种结构性变化意味着绝大多数国民都必须适应知识劳动的要求。即在 21 世纪，知识性工作与创新必然使其与学习合二为一。当你在从事知识性工作时，你就必须要学习；同时，你也必须终身不断地学习，才能有效地从事知识性劳动。从这个意义上讲，终身学习不仅是一种修养，更是人生存的基本手段。

再次，21 世纪是人们的职业和岗位变动更加频繁的时代。研究表明，美国人平均每人一生流动 12 次，经济合作与发展组织国家每人平均 5 年更换一次工作。在我国，据北京航空航天大学人才交流中心对本校 58/59/60 三届毕业生的调查，约 70% 的人已不在原专业岗位上工作。这些情况表明，以往那种人们梦寐以求的"终身职业"已成明日黄花，一次性学校"充电"，一辈子工作中"放电"的时代已成为历史。

最后，21 世纪还是人们的文化生活发生变迁的时代。随着科学技术的进步和社会经济结构的改变，现代社会的人们比以往拥有了更多可供自由支配的时间，经济条件的提高亦使得现代的人们更加注重自身生活的品质和内涵。休闲时间的增多及希望提高自身生活质量的要求，又使得现代的人们比以往更加关注学习、依赖学习。因此，学习是一种生存方式，也是一种生活方式。也就是说，在一个经济发达和富有生气的社会，人们积极参与学习活动以提高自身的生活品质及精神教养，不仅可以帮助个人获取适应社会变迁的能力，而且可以提高人的文化生活内涵。如今，一些国家提倡和推行的"带薪教育休假"制度，建立"开放大学"等，就为人们充分利用可支配的自由时间、提高自身精神教养创造了有利的条件。

三、终身学习：从"学历社会"走向"学习社会"

"学习社会"一词来自哈钦斯 1968 年发表的《学习社会》一书。哈钦斯在对以往的教育进行了批判性的研究后，提出到 20 世纪末应实现新的教育和社会——学习社会。所谓学习社会，"也许就是任何时候不只提供定时制的成人教育，而是以学习、成就、人格形成为目的而成功地实现着价值的转换，以便实现一切制度所追求的目标的社会"。继哈钦斯之后，联合国教科文组织在《学会生存》的报告中进一步指出："如果学习包括一个人的整个一生（既指它的时间长度，也指它的各个方面），而且也包括全部的社会（既指它的教育资源，也包括它的社会的和经济的资源），那么我们除了对'教育体系'进行必要的检修以外，还要继续前进，达到一个学习化社会的境界。"而"学历社会"是指追求高学历的社会现象。追求高学历好不好呢？从社会的不断发展看，一个国家为了提高整个国民的文化素质，在经济条件、文化基础可能的情况下，普遍提高国民受教育的程度，使之获得高学历是无可非议的。但是，如果信息激增的现代社会仍处在学历化中，并逐渐走向极端，每一个取得高学历学位证书的人就等于有了一本"护照"，就意味着毕业后会有一份好工作，一份高薪水，过上舒服的生活，那么，其弊端是显而易见的。

因此，时代的发展要求从"学历社会"走向"学习社会"。也就是说，人们在一生中易于得到各式各样的学习机会，即应该建立一个学习社会，以不断挖掘人的潜能，适应21世纪社会和人的全面发展的需要。改革开放以来，我国的学校教育与社会教育、职前教育与职后继续教育，以及正规教育与非正规教育等都有了重大发展，电视、广播、报刊、网络等大众传媒迅速普及，图书馆、文化馆、艺术馆、科学馆、博物馆不断完善。应该说，我国进行终身教育，推进终身学习的框架已初步形成。面对世界范围内兴起的终身学习浪潮，适应21世纪培养新时代的公民和新型高级专门人才的需要，作为学生，应该自觉建立终身学习观，把学习扩展至人的一生，使终身学习真正成为"21世纪的生存概念"，并在大学学习阶段为终身学习打下坚实的基础。

第三节 "四个学会"学习观

一、学会认知

"知"在这里不只是指"知识"，而是广义上的"认知"，这种认识的对象包括人类自身及其主观世界，也包括自然、社会的外部世界。"认知"是一个只有起点而无终点、在实践和认知的无限往复中探索未知追求真理的过程。而"认知"的手段，从口头传授到文字印刷，从广播电视等声像技术到"信息高速公路"，已发生了多次革命性的变化。"认知"的环境，则从家庭、学校扩展到整个社会，甚至还包括网上的虚拟学习环境。

这种学习更多的是为了掌握认知的手段，而不是获得经过分类的系统化知识。既可将其视为一种人生的手段，也可将其视为一种人生的目的。作为手段，它能使每个人学会了解他周围的世界，至少能使他能够有尊严地生活，能够发展自己的能力和进行交往；作为目的，其基础是乐于理解、认识和发现。即便那种没有直接目的去学习的情况越来越少，但由于学习有用的知识在现实生活中变得很重要，学制越来越长、空闲时间越来越多，这将使越来越多的成人能够去感受知识和个人自学带来的乐趣。扩大知识面可以使每个人更好地从各个角度来了解他所处的环境，有助于唤起对知识的好奇心，激发批判精神并有助于在独立思考的基础上去辨别是非。也就是说，学会认知，就要有强烈的学习兴趣和动机，有探索未知的热情，有学会学习的能力，有实事求是的科学态度，有科学的学习方法。

学会认知，还要正确处理"通识教育"与"专业教育"的关系。一方面，"通"是"专"的基础。没有广博的基础，"专"就深入不下去，达不到精深的目的；另一方面，"专"对"通"又有极大的促进作用。真正精通一门专业知识，常常使人能够很快掌握相近或相关学科知识。因此，既要加强"通"的学习，又要掌握一定的专业知识与技能，要在"通"

的基础上有所"专"，掌握一定的专门知识而又能融会贯通。特别是在现代新科技革命条件下，世界科技与文化、自然科学与人文社会科学已呈高度融汇渗透之势，"综合优势"与"博才取胜"正成为各国科技和教育发展的共同取向。如日本提出高等教育要培养面向国际、面向21世纪的"世界通用的日本人"；法国提出要培养"不受任何学科界限束缚的人"，使学生的知识结构由"深井型"改变为厚基础、宽口径的"金字塔型"；比利时则努力培养"能看到最不同的学科领域间的相互联系的人"。因此，应通过学习，加强基础性的语言、文化、历史、科学知识的拓展，个性品质的训练，公民意识的陶冶，以及一些不直接服务于专业教育的、人人皆需的实际能力的培养，使自己在接受一定的通识教育之后，能以一定的知识领域为基础，向外迅速吸取各种文化领域的营养，用一种适应时代的文化内容来充实自己，扩大自己的知识范围，使心灵的内涵不断加宽加深，生活的意义及价值也变得丰富多彩起来，因而能在自身所受的专业教育中保持自由，在精神上不至于成为专业所束缚的奴隶。

学会认知，不可能在学校教育中一次完成。学习的过程永无止境，并可通过各种经历得到进一步充实。随着工作性质和内容一成不变的情况日渐减少，学习过程与工作经历结合就越来越紧密。"如果最初的教育提供了有助于终身继续在工作之中和工作之外学习的动力和基础，那么，就可以认为这种教育是成功的。"

二、学会做事

学会认知与学会做事是不可分割地联系在一起的，二者是"知"与"行"的关系。如果说学会认知的目的在于认识世界，那么，学会做事则旨在改造世界。

与"知"一样，"行"也具有十分丰富的内涵。传统意义上的"学做"，更多地与通过职业技术训练养成劳动技能联系在一起，与应用在学校所学知识与解决问题和完成任务联系在一起，现代意义上的"学做"，则要着眼于21世纪知识经济对劳动力的要求和终身学习社会对人的要求，从更深的层次上去把握。学会做事至少具有三种新的含义。

第一，在未来"生产"过程日益"非物质化"、日益"智力化"的知识经济中，"学做"将从学会掌握某种职业的实际技能，转向注重培养适应劳动世界变化的个人能力和综合素质，正如《教育——财富蕴藏其中》所指出的：" 由于知识和信息对生产系统起着支配作用，专业资格的概念变得有些过时，个人能力的概念则被置于首要地位。" 这种个人能力就包括除劳动技能以外的协作能力、首创能力和冒险精神，等等。

第二，在以知识、信息为基础的服务业（包括金融、咨询、管理服务和教育、卫生、社会服务等）将占越来越大比重的未来经济中，人与物质和技术的关系将降至次要地位，而人与人之间的关系，即"服务"的提供者与使用者之间的关系将居于首要地位。因此，"学做"主要不是指获取智力技能，而是指培养社会行为技能（包括处理人际关系、解决人际矛盾、管理人的群体等能力），而这些技能主要不是从课堂上和书本中去学习，而是要从工作实践和人际交往中培养。

第三，在未来社会，随着科学技术的迅速进步和经济结构的调整，一个人多次变动工作或劳动场所将是正常的事情。在这种背景下，学会做事与其说是掌握胜任某项具体工作的"本事"，毋宁说是在"认知"过程中养成的综合素质的基础上，培养适应未来职业变动的应变能力、工作中的革新能力，以及在具体的市场环境中创造新就业机会的能力。

三、学会共同生活

学会共同生活，是在全球化成为 21 世纪重要特征，是人与人之间、民族与民族之间、国家与国家之间互相依存程度越来越高的时代提出的一个十分重要的教育命题。学会共同生活，有着十分丰富而深刻的内涵。

学会共同生活，首先要认识自己，发现他人，尊重他人。教育的使命是教学生懂得人类的多样化，同时还要教他们认识地球上的所有人之间既具有相似性又是相互依存的。因此，从幼儿开始，学校就应该抓住各种机会来进行这一双重教育。而要认识他人必须首先认识自己；要使青少年正确地认识世界，无论是在家庭、社会还是在学校进行的教育，都应首先使他们认识自己。只有在这个时候，他们才能真正设身处地去理解他人的反应。所谓"设身处地"，讲的就是"由己及人""己所不欲，勿施于人"。同时，教育作为个体社会化的过程，也注重从了解他人、他国、他民族的过程中更深切地认识自己，认识本国、本民族，这种了解和认识，始自家族，及于学校，延至社会，推而广之于国际社会和各国人民及其历史、社会、经济、政治、文化、价值观念、风俗习惯、生活方式等，并从这种深入的了解之中，培养人类的尊严感、责任心、同情心和对于祖国、同胞和人类的爱心。

学会共同生活，就要学会关心，学会分享，学会合作，学会平等对话与交流。也就是说，要学会用和平的、对话的、协商的、非暴力的方法处理矛盾，解决冲突，这对于人机之间、群体之间、民族之间、国家之间的矛盾都同样适用。

学会共同生活，不只是学习一种社会关系，它也意味着人和自然的和谐相处。从我国古代"天人合一"的传统思想到当代世界倡导的"环境保护"和"可持续发展"，无不指明了学会与自然"共处"的重要性。这种学习，像其他学习一样，也包括了知识、技能和态度、价值观念的习得和养成。

学会共同生活，不是从书本中学习，最有效的途径之一，就是参与目标一致的社会活动，学会在各种"磨合"之中找到新的认同，确立新的共识，并从中获得实际的经验。因此，学生应争取有更多的时间和机会，本着尊重多元性、相互了解及和平等价值观的精神，在展开共同项目和学习管理冲突的过程中，增进对他人的了解和对相互依存问题的认识。

四、学会生存

学会生存，它的理论基础就是对教育目标的阐述："发展的目标是人的完整实现。"是人作为个体、家庭成员、社区成员、国家公民、生产者、发明者、创造性的梦想者等具有丰富内涵的个性的完整实现。学会生存的立论基础还建立在对工业社会片面追求物质文明而导致"非人化"的批评之上。它认为，技术发展、贫富差别、失业犯罪正导向消费主义、享乐至上、个人主义等"人的异化"现象。因此，它强调通过教育的改造和社会的合作，使儿童成为真正意义上的"非异化的人"，成为在认知、情感、伦理、审美、身体诸方面全面发展的人，完整的而非畸形、片面发展的人。

也就是说，21世纪的学习和教育"应当促进每个人的全面发展，即身心、智力、敏感性、审美意识、个人责任感、精神价值等方面的发展"；"应该使每个人尤其借助青年时代所受的教育，能够形成一种独立自主的、富有批判精神的思想意识，以及培养自己的判断能力，以便由他自己确定在人生的各种不同的情况下他认为应该做的事情"；同时，也"使他作为一个人，作为一个家庭和社会的成员，作为一个公民和生产者、技术发展者和有创造性的理想家，来承担各种不同的责任"，即学会生存，学会做人。

上述四个"学会"是一个有机的整体。在21世纪的今天，在任何一种有组织的教育中，这四个支柱中的每一个支柱都应得到同等重视，从而使学习和教育成为"受教育者个人和社会成员在认识和实践方面的一种全面的、终生持续不断的经历"。

第三章　大学学习目标

第一节　大学学习目标概述

一、大学学习目标的含义

大学学习目标是指通过具体的学习内容和学习活动使大学生发生预期的、性质不同和程度不同的变化结果。大学生有无明确的学习目标，决定着他在大学学习期间是否有明确的追求，决定着他是否有积极向上的精神面貌和自觉认真的学习态度，决定着他学习效率的高低，也决定着他是否为未来的工作、学习和生活做好了充分的准备。

上述大学学习目标的定义包括三方面的含义：其一，学习目标的实现者是大学生自己，且指向每位大学生的发展，其他人不能包办代替，需要每位大学生发挥主观能动性，积极、自主、创造性地去学习才能实现自己的学习目标；其二，大学学习目标作为激发学生学习活动的直接动机，指引和调整着学生的学习活动及其相关的各种行为，并作为影响其学习行为和成效的意志、态度等情绪，贯穿于所有的学习及相关活动中；其三，大学学习目标是学习取得的成果或结果，是一个多层次、多维度的目标体系。从抽象程度而言，既有概括的总目标，又有具体的分目标，且分目标是由总目标层层分解而来；从时间的长短而言，既有长期目标，也有短期目标。当然，无论是总目标还是分目标，无论是长期目标还是短期目标都是相对的。一般而言，总目标是长期目标，分目标是短期目标。

总之，大学学习目标规定了大学生学习的指导纲领，并统率所有的学习及其相关的活动，使大学生的学习更加明确，更加的放矢。

二、大学学习目标的作用

（一）导向作用

导向作用是指大学学习目标把学习活动引向学生所要求的明确的方向，保证学习活动不偏离预定的正确轨道，产生期望的学习效果。众所周知，任何人要想成就一番事业，首先都必须设定适当的目标。没有目标，就像一只无头的苍蝇，要么随波逐流，糊里糊涂地往前走，到头来一无所获，要么碰得头破血流，伤痕累累无功而返。学生的学习行为总是受到他所追求的学习目标的引导。有了明确的学习目标，学生能清楚地知道自己的学习情况，了解学习的结果，及时调整、改进学习进程。总之，学生有了明确的学习目标，如同在黑夜中航行有了明亮的导航灯一样，指引着前进的方向。所以，学习目标很大程度上决定着学生的学习方向，指引着学生按目标的要求，集中自己所有的精力、智慧、时间，完成学习任务。

（二）激励作用

激励作用是指大学生学习目标能激发学生的学习动机、学习热情和奋斗精神，促使学生不断的克服困难和障碍，鼓励他们能积极向上。心理学家曾针对目标的激励作用做过这样一个实验：分别让甲、乙、丙三组被试沿着公路前行，到达 10 千米以外的小村庄。甲组不知村庄到底有多远，只知道跟着向导走，去一个小村庄，走了两三千米，有人叫苦；走了一半时，有人怨气冲天，越走情绪越低落；乙组知道目标有 10 千米，但路边没有路碑，走了一半有人叫苦，走了四分之三时，情绪低落，当得知目的地快到的时候精神为之一振，飞快地到达目的地；丙组知道目标有 10 千米，而且每千米都有路碑，大家情绪饱满，愉快地走完了全程。该实验证明，当人们把自己的行为同目标联系起来，且目标非常明确具体时，就会激励他们不停地前进，实现目标。同样，大学学习目标的激励作用也是如此。

明确、具体的学习目标使大学生认识到未来的前景，直接诱发学习动机；学习目标能增强学习的自觉性、主动性，变"要我学"为"我要学"，从而更加自主地、更加努力地学习；在遭遇困难和挫折时，学习目标能激发学生的内在潜力和意志，不屈不挠地接受考验和挑战；在实现学习目标的具体过程中，目标能给学生以鼓舞，并能增强学生的自信心和成就感。

（三）评价作用

所谓评价作用，是指大学学习目标成为衡量学生学习活动得失成败和效率高低的标尺，使学生了解实际学习结果与预期学习结果（学习目标）之间的偏差以及产生偏差的原因，有助于学生不断地对自己的学习情况进行反思、评鉴和批判，及时总结自己的成绩，发现问题，纠正错误，调整方向，提高进度、得失和效率。因此，学习目标的评价作用就在于大学生按照学习目标的具体要求，并把它作为评判自己学习结果的根据或标尺，发现自己在学习中的优缺点，并采取适当的措施，持续改进学习，更好地实现学习目的。

第二节　大学学习目标的内容及体系

一、大学学习目标构建的依据

大学学习目标不能凭空建立，也不能想当然地随意杜撰，而是要建立在充分可靠的科学依据之上。构架大学学习目标的主要依据是社会发展和学生自身发展的需要。

（一）社会发展需要

构建大学学习目标，必然要反映一定社会对人才培养的要求，因此，社会发展的需要是建构大学学习目标的客观依据。当前，我国社会对人才培养的要求集中体现在国家教育方针和高等教育的培养目标中。例如，1998 年颁布的《中华人民共和国高等教育法》明确规定：高等教育必须贯彻国家的教育方针，社会主义现代化建设服务，与生产劳动相结合，使受教育者成为德、智、体等方面全面发展的社会主义事业的建设者和接班人；高等教育的任务是培养具有创新精神和实践能力的高级专门人才，发展科学技术文化，促进社会主义现代化建设；本科教育应当使学生比较系统地掌握本学科、专业必需的基础理论、基本知识，掌握本专业必要的基本技能、方法和相关知识，具有从事本专业实际工作和研究工作的初步能力。高等教育培养的人才应具备基础扎实、知识面宽、能力强、素质高的四个特点。基础包括基本能力、创新能力，其中创新能力是我国高等学校长期以来的薄弱环节，尤其应该加强。素质，主要包括思想道德素质、文化素质、业务素质、身体和心理素质。其中，思想道德素质是根本，文化素质是基础。

由此可见，国家教育方针和高等教育的人才培养目标集中反映了社会（包括科技、经济、文化、政治等）发展对高级专门人才培养的要求，这是构建大学学习目标的客观依据。

（二）学生自身发展的需要

大学学习目标构建的另一个重要依据是大学生自身发展的需要。学习目标必须反映学生的可持续发展和全面和谐发展的要求。

首先，大学生是可持续发展的人。学习对大学生而言，是一个不断发展自我、丰富自我、超越自我的过程。前已述及，在人的一生中，大学阶段只能取得需用知识的 10% 左右，而其余 90% 的知识都要在日后工作中不断学习才能取得。因此，大学生要获得持续发展，在社会上立足，主动适应并积极促进社会的政治、经济、文化发展，就必须奠定坚实的文化科学基础，掌握一定的学习策略知识，发展学习能力，在学习中学会学习。否则，在毕业后就难以持续发展，甚至难以生存。

其次，大学生是全面和谐发展的人。学习对大学生而言，是一个促进自我全面和谐发展的过程。于是在学习中，既要加强通识知识的学习，夯实基础，拓宽知识面，增强适应性，又要重视专业知识的学习，精通业务，学有专长。两者融会贯通，使自己具备一定的人文素养和科学素养，成为具有广博基础的专门人才。而且，在掌握知识的基础上，要进一步发展学习能力、创新能力、实践能力、社会适应能力，提升综合素质。同时，在学习中，还要加强道德修养，塑造良好的品格，树立科学的人生价值观，成为和谐的、全面发展的人。有鉴于此，大学生这些自身发展的需要，必然成为构建大学生学习目标的重要依据。

二、大学学习目标的内容及体系

基于以上分析，大学学习目标涉及学生未来发展的诸多方面，借鉴国内外有关资料，本书将大学学习目标概括为如下目标体系。该目标体系主要由知识、能力、情意三大领域组成，且每个领域又由许多要素（分目标）构成，他们相辅相成，共同影响学习目标的功能和作用，并最终实现学生的全面和谐发展。

（一）知识领域

知识领域是大学学习目标体系中的基础，从根本上影响着能力和情意领域。知识领域主要由通识知识、专业知识和学习策略知识组成，其中通识知识与专业知识，是大学生作为一个现代人和一个未来的专业人员，必须了解和掌握的人类关于社会、自然和自身发展的基本文化科学知识，以及与所学专业相关的基本知识与基本理论等。

学习策略知识，是大学生（包括所有的学习者）在学习活动中进行有效学习的规律、原则、程序等知识，也包括促进学习、理解、知识与技能的获得以及重组知识库的任何想法、情感或行为等知识。学习策略知识直接影响着通识知识、专业知识的掌握、应用和创新，是当前被忽视的部分，应特别予以重视和加强。

（二）能力领域

在大学学习目标体系中，能力领域是核心。大学生不是为了知识而学习知识，而是为了更好地发展，提升能力。能力主要包括学习能力、创新能力、实践能力、交流能力和社会适应能力。在当前的时代背景下，学习能力、创新能力、实践能力是大学学习目标体系中的重中之重。

学习能力，是指能在学习中设计、监控和评价自己的学习活动的能力。例如，能自主确立具有挑战性的学习目标；能自觉、有效地利用适当的资源、技能和学习策略来实施学习计划；能监控学习进程和评价自己的学习活动；能将获得的知识、技能、策略和方法有效地运用于新的学习情境之中，等等。

实践能力，是指通过实践获取知识以及将知识、理论运用于实践的能力，也就是从实践中来，到实践中去的能力。例如，能将高度抽象的专业理论知识运用于课程设计、教学实验、生产学习、毕业实习、毕业设计等具体实践活动。能应用已有知识，分析和解决实际问题；能在迅速变化的信息社会中，了解、使用针对不同目的而选择的相应的技术；能在各种情境之中有效地把理论运用于实践，等等。

交流能力，是指与他人一起有效地学习、工作、生活，并且在各种情境中积极参与群体互动的能力。例如，能运用多种技能、策略、资源和技术，对信息进行收集、整理和传递；能利用恰当的口头语言、书面语言、体态语言、计算机技术以及其他形式，对信息进行组织、储存和提取；能发现交流中存在的问题，在必要时加以解决；能根据不同的对象、不同的交流目的和情景使用不同的交流策略；等等。

（三）情意领域

情意领域是大学学习目标体系中的灵魂，与知识、能力领域水乳交融，并对它们产生积极的潜移默化作用。情感、态度与价值观之间不仅具有相对的独立性，共同构成情意领域的主要范畴，它们还具有层次递进性，依次由低到高形成一个情意发展的连续体。情感、态度与价值观三者相互联系、相互影响、相互渗透，形成大学生的人格、心理和道德素质等。

情感是人们对客观事物与自己需要的关系的反映，是感情、内心体验、愿望、价值追求等一系列心理现象的统称。大学学习的情感目标，不仅指学习热情、学习兴趣、学习动机，还包括爱、快乐、审美情趣等内心体验和个性倾向、性格特征的形成与改变以及心灵世界的丰富等。

态度是人们对特定对象所持的一种具有内在结构的相对稳定的心理倾向。学习目标中的态度目标，不仅指学习态度、学习责任，还指在学习中形成的积极乐观的生活态度、求真创新的科学态度、宽容的人生态度，以及对社会的责任感、义务感，具有人道主义精神等。

价值观是指人们在处理普遍性价值问题上所持的立场和态度的总和。大学学习的价值目标，不仅强调个人的价值，更强调个人价值与社会价值的统一；不仅强调科学的价值，更强调科学价值与自然价值的统一，从而使学生从内心深处树立起对真、善、美的价值追求以及人的自然和谐、可持续发展的理念，并最终形成信念、信仰等最深层次的价值观以及相关的道德观。

三、大学学习目标的新取向

前已述及，我们正处于即将全面跨入知识经济时代和学习型社会的新时期。在当前这个新的时代背景下，大学学习目标凸显出新的取向——学会学习。

首先，新时代促使教育的基点发生了战略性大转移。即从重"教"转向为重"学"这个战略性大转移，将彻底改变人们习以为常的教育教学观念、教学与学习方式，创造出一种在真正意义上尊重人的主体性、激发人的创造性、相信并注重开发人的潜能、促进人与人之间的交往与合作的崭新的教育教学观念和教学学习方式。正如叶圣陶先生曾讲的那样，"先生的责任不在教，而在教学，教学生学"，"教"是为了"不教"。同样，学生的主要责任应在"学会学"，学生学会了学，也就是"学生入了门了，上了路了，他们能在繁复的事事物物间自己探索，独立实践，解决问题了"。因此，新时期教育基点的战略性大转移，意味着大学学习目标发生新的取向，即学会学习。

同时，新时代促使学习的内涵发生了本质的革新。学习不仅是每位公民的义务，而且成为他们的基本需求和权力，进一步成为个人、组织、国家、社会进步与发展的机制。学习不仅包括一个人整个一生（既指它的时间长度，也指它的各个方面），还包括全部社会（既包括它的教育资源，也包括它的社会和经济资源），并通过持续的学习，让每个人全部潜在的才能都能充分发挥出来。在学习时间、学习空间、学习对象等方面发生巨大的变革，更重要的是，学习目标将凸显出新的取向，即学习目的除了学习具体的知识以外，更重要的是学会学习。

作为大学学习目标新取向的学会学习，具有以下几个主要的特征：

第一，学会学习（学会认知）是学会做事、学会共处、学会做人的根本途径和基础，它不仅是学习目标，也是认知过程，其最终目标指向人的全面和谐发展。

第二，学会学习强调学习者的主体地位和主体作用的充分发挥，重视主动意识、独立意识、创造意识等主体意识的养成。

第三，学会学习和终身学习联系在一起，不受时间和空间的限制，不仅在学校、教师的指导下，而且在家庭、社会的大环境中，通过各种媒介汲取有益的信息，积极主动、自觉、自由的学习。

第四，学会学习既重视学习者的智力因素在学习中的地位和作用，又重视非智力因素的发展以及良好的行为习惯和情感态度的养成。

第五，学会学习不仅重视掌握必要的基础知识，而且更重视学习方法、现代思维训练等学习策略、元认知水平的提高，以及计算机多媒体等现代信息技术的应用，提高学习能力和学习效率。

第六，学会学习重视教师的主导作用，更重视学生的主体作用，师生在教与学活动中构成主导——主体双向互动，共同推动着学会学习的进程，实现学会学习的目的。

综上所述，在新的时代背景下，大学学习目标的新取向是学会学习。

学生学会学习，培养学习能力，尤其是终身学习能力，不仅能充分发挥学生的主体作用，提高学习效率，而且能培养学生自立精神和社会责任感，提高综合素质，最终指向人的全面和谐发展。

第三节　大学学习目标的构建

大学学习目标的内容及体系为我们构建了一个大学学习目标的宏观蓝图。当然，更重要的是，需要我们从宏观走向微观，在一定的指导思想和原则的指引下，采取积极有效的策略，构建我们自己的大学学习目标。

一、构建大学学习目标的指导思想

前已述及，大学学习目标构建的主要依据是社会需要和个人需要。其中，社会需要是指政治、经济、文化等方面的需要；个人需要主要是指功利、职位、成长等方面的需要。需要是主体行为的一个内在动因，它直接或间接地支配和推动着主体的活动过程。在我们具体构建大学学习目标时，如何处理好社会需要和个人需要两者的关系，是首要的、关系到指导思想的前提性问题。

在实际操作中，通常人们对学习目标的选择、确立存在着两种不同的价值追求，即人本位的价值取向和社会本位的价值取向。人本位的学习价值取向，即认为个人需要高于社会需要，认为个人是学习目的的根本所在。其特点是重视个人的兴趣、爱好、个性的发展及某些方面的需要；社会本位的学习价值取向，即认为社会需要高于个人需要，认为个人的学习应当服务服从于社会，社会是学习目的的根本所在。其特点是重视社会的政治稳定和经济发展、文化的传承与繁荣及统治集团某方面需要。这两方面的需要表明学习所具有的社会和个人的两大功能是客观存在的。在不同时期，不同的社会环境和不同的特定条件下，由于主观认识的局限，对学习的功能价值判断论是突出社会需要，忽视个人兴趣、爱好和个性发展，或是强调个人需要，不顾社会发展的整体需要都是片面的、狭隘的、不可取的。实际上就学习的功能而言，社会功能和个人功能是统一的，两者并不矛盾。满足个人需要并调动个人在社会中的积极性，促使创造才能的发挥，这反过来又会促进社会的发展；而社会的发展又为个人的发展提供一定的物质基础和条件。个人需要与社会需要是相互促进、互为因果、辩证统一的。

特别是在当今知识经济时代，社会需要和个人需要表现出高度一致性。培养人的全面素质和创新能力是社会的需要，也是人的发展的根本。因此，适应知识经济和创新能力实施社会的需要，我们每一位大学生都应当克服片面的，尤其是克服人本位的价值观，把重视个人需要和满足社会需要结合起来，确立社会发展和个人成长相统一的学习目的观。但就价值实现的实践来看，学习的目的无论是满足社会需要还是满足个人需要，都是要通过人来实现的，因此，学习目标的着眼点必定要落实在人的发展上。因为没有人的发展，一切都是空谈。可见，人的发展才是社会需要和个人需要相结合的结合点，才是学习的直接目的。上一节阐述的大学学习目标的内容及体系，正是基于这种认识。它不仅把学习目标明确地指向了学生全面和谐的发展，而且更直接地指出了大学生要学会学习。因为学会学习追求的是长期发展的价值，实质是要建立人的持续发展的机制，使人通过掌握学习的规律和方法，形成良好的学习品格和习惯，提高自主学习的能力，从而可以在一生中获得持续的发展和提升。所以，从本质意义上讲，学会学习和人的发展是一致的。基于此，我们构建大学学习目标可以参照上述目标体系，在全面发展的总要求下，充分发挥自己个人的兴趣爱好和特长，使个体得到充分的发展。

二、构建大学学习目标的原则

（一）发展性原则

发展性原则是指构建大学学习目标时要认真、全面分析，预测社会发展和学生自身发展的需要，使学习目标具有前瞻性和超前性。

随着时代的进步与发展，社会对人才的知识广度与结构、能力结构与水平、心理与道德等方面不断地提出新的要求。大学生为了适应社会要求，不断地调整自身的发展目标。同时，大学生有自身发展的内在逻辑，其知识、能力、情义等各方面又有自身发展的内在张力，并随着学习的进程，不断地得到积累与提高。大学学习目标，就是放眼未来，预测并根据社会发展和大学生自身的发展要求与趋势，以长远的愿景和敏锐的前瞻性来构建。

（二）灵活性原则

大学学习目标不是一成不变的，它处于一种相对稳定而又不断发展变化的矛盾统一状态中。学习目标，尤其是总目标或长期目标，是相对稳定的，对学生的发展起着持续的引导作用，对学生的自我塑造、自我完善、自我超越发挥深远的影响。但是，学习目标不是一旦确定就不能更改，因为它不可能一步到位。它要根据社会和大学生自身发展的情况和学习进展情况不断地修正和调整。同时，随着认识水平的不断提高，可能会发现某些学习目标其本身具有一定的灵活性。就某种意义而言，学习目标的动态发展过程就是学生的发展过程。

（三）合理性原则

合理性原则是指所建构的学习目标要符合社会和自身的实际情况，实事求是，切实可行，具有可操作性。

合理性原则要求全面分析、切实把握社会与大学生自身的实际情况，尤其要对自己的身体健康状况、心理的主要特征、知识储备、学习能力、兴趣爱好、优缺点、情绪意志等方面进行客观、科学、全面的分析。避免为追求超前性而将目标定得太高，结果难以实现，不仅浪费时间、精力，而且会严重挫伤自己的学习积极性。

（四）协调性原则

协调性原则有两层含义：一是指大学学习目标在总体上必须与教育方针和高等教育的人才培养目标协调，也就是说，确立的目标要符合教育方针的精神，符合专业培养目标的要求。这是学习目标在高等教育系统中的对外协调，这种协调对于构建学习目标具有指向性意义。二是指学习目标体系中各个构成要素之间的协调。也就是说，学习目标要体现德、智、体和知识、能力、情意全面和谐发展。可以有所偏重，但绝对不可有所偏废。这是学习目标自身的内部协调。这种协调对于构建学习目标具有策略性意义。

三、构建大学学习目标的策略

（一）审慎选择

大学生在构建自己的具体学习目标时，需要认真、全面而谨慎地分析相关的方方面面，并进行恰当的选择。

首先，要全面、认真地分析自己所学专业的教学计划。专业教学计划是根据国家社会经济发展对人才的需求，按照教育、教学的规律，结合现实条件而制订的。包括专业培养目标、课程设置、教学环节、学时分配等内容。其中，专业培养目标是培养学生的基本的预期结果。如果脱离自己所学的专业，不思考自己专业的人才培养计划，所制订的学习目标就会偏离方向，也较难获得成功。

其次，构建大学学习目标，还要全面、客观地审视自我。审视自我，就是认识自我，了解自己的现状和优缺点，明确自己的需求是什么，同时找到自己现在所处的位置，这个位置即自己迈向目标的起点。知道这个起点，才会明白离目标到底有多远，才会明白达到目标还需要做多少事情，投入多少努力。从而才能知道目标的难度是否适宜，是否具有挑战性。

实践表明，只有在上述分析基础上，将专业教学计划的要求和个人的实际情况结合起来选择并确立自己的学习目标，才具有科学性和现实的可行性。

（二）周密计划

有了既定目标，就要去努力实现，但如何才能更好地实现自己的学习目标呢？这就要有实现目标的具体途径，即要有学习的计划。有了学习计划，不仅有了学习的主动权，可以提高学习效率，而且能够使学习目标更加具体、清晰，就可以更有序、更高效地组织各项学习任务的完成，最终实现自己的目标。很多事例都证明，学习的成与败，学习目标实现的好与差，在很大程度上取决于有无周密的学习计划。制订一个有效的学习计划，要遵循以下几点原则：

1.计划性与灵活性结合

制订学习计划，目的在于通过有计划地学习，把目标转化为现实。因此，计划一旦制订之后，就要严格按照计划执行，否则，计划就只是一纸空文。但任何事物都是不断发展变化的，学习也是如此。如果一味固守原来制订的计划，就会发生碰撞，阻碍学习进程，扰乱学习情绪。因此，学习计划的制订要有一定的灵活性，使计划及时适应新的情况。

2.全面筹划与兼顾重点相结合

所谓全面筹划是指在制订计划时，不只是考虑学习，还要考虑思想道德修养、身心发展、审美情趣等。在学习过程中不只是关心知识学习，还要考虑技能的形成、能力的提高等，以求全面素质的提高。但全面发展不等于样样齐步发展，全面筹划也不等于平均使用力量，必须根据自身情况突出重点，保证将主要的时间和精力用到重点上来。所谓重点无非"扬长"和"补短"两个方面，究竟如何选定重点要根据自身具体情况做具体分析。

3. 长计划与短安排相结合

所谓长计划是指大学生全学程的计划。也就是 4 ~ 5 年的学习计划。显然，长计划是战略性的，目的是明确主攻方向，激发奋发之情。所以，只要明确在今后 4 ~ 5 年的学习中主要干什么、大致怎么干、各阶段准备分别解决哪些问题就可以了。短安排是指与教学计划、进度同步的一学年、一学期甚至是一门课、一个教学环节的计划。短安排是长计划的组成部分，体现了一个阶段的目标，战略性的长计划要靠一个个相互衔接的短安排逐步实现。所以，短安排一定要具体细致，注意其可操作性。

4. 劳与逸相结合

制订学习计划要在保证完成学习任务的同时，妥善安排好睡眠、休息、社交、文化娱乐活动等，以便始终保持旺盛的精力。

（三）落实措施

要实现学习目标，除了要具有途径外，还必须要有具体的落实措施。没有具体的措施，计划就难以执行，最终目标就会落空。这些措施主要包括以下几点：

1. 统筹规划，加强时间管理，制订学习计划表

计划表应包括月计划表、周计划表和日计划表。制订学习计划表可以达到节约用时、有效用时和优化用时的目的。同时可以培养良好的学习习惯和意志力。这不仅对于提高学习效率极有价值，而且对全面实现学习目标乃至今后的发展、成才也极其重要。

2. 加强方法知识学习，学会运用适当的学习策略

所谓学习方法前已述及，是指学生学习时所采用的方式、手段、途径和技巧；而所谓学习策略，则是指"学习方法的方法"。常言道："得法者事半功倍，不得法者事倍功半。"由此可见，学习方法对于学习的作用是不言而喻的。大学是人生的重要阶段，在一定意义上，实现大学学习目标是实现人生目标的重要起点，需要付出艰苦的努力，因此提高学习效率至关重要。尤其是大学学习要为人的持续发展奠定基础，要求大学生必须学会学习。而这些都离不开掌握科学的学习方法。

3. 严格要求，建立自我管理、自我约束的机制

学习目标是蓝图，而计划只是实现蓝图的途径，要将计划变成现实，还需要经历一个执行的过程。制订计划容易，执行计划难。因为执行计划不仅要求执行者对计划抱有严肃认真的态度，而且要具有持之以恒、坚持始终的意志力，坚韧不拔、勇于克服困难的精神以及自我统筹协调的能力。因此，在努力实现学习目标的过程中，必须建立一种自我管理、自我约束的机制，保证学习计划顺利、有效地执行。这种机制的要点有以下两点：

第一，建立计划的定期检查、评估制度。

第二，防止和排除外界的干扰和诱惑。这些干扰主要有不良信息的骚扰、过多的社会应酬、失常的异性交往，尤其是网络、游戏的诱惑等。这些干扰和诱惑在现实社会中是客

观存在而且难以避免的，它不仅对我们的学习影响极大，而且对我们的人生道路的选择有不可低估的影响，必须予以重视，并在心理上、行为上加以防范。

（四）可检可测

大学学习目标的表述要尽量明确，具体、防止抽象、笼统和含混不清。尤其是短期目标要尽可能做到量化，做到可检查、可测量、可对比。不能量化的要使用规范的语言和术语，讲清学习目标的要求，以及达到学习目标的前提和条件，使学习目标具有可操作性。

第四章　大学生学习方法与策略

第一节　大学学习各环节的学习方法

一、课堂教学的学习方法

课堂教学是大学教学的最基本形式。因此，课堂学习是大学生掌握知识的基本途径，学会课堂学习是大学生学会学习的一个基本环节。

（一）预习的学习方法

1.预习的目的

预习是在校大学生学习的第一个程序，它在整个在校大学生的学习过程中具有非常重要的作用。心理学研究表明，学习者能够进行有效学习的内部条件有两个：一是要有适当的知识准备；二是要有强烈的求知欲望和学习的主动性。由此可引出预习的直接目的有两个：一是大学生面对新知识时检查自己的有关知识储备是否充分；二是强化大学生的问题意识，激发其求知欲望，增强其学习的主动性。概括而言，大学生预习的目的，就是通过预习达到带着问题上课堂的目的。

实践证明，搞好预习，是跳出"恶性循环"、争取学习主动、提高学习效率和质量的重要方法。所谓"恶性循环"，在学习过程中表现为：课堂听不懂，课后花很多时间学习还是不懂，结果习题做不出，下一堂课更听不懂，越来越糟，十分被动。因此，听好课是关键。为了听好课，就要找出听不懂的原因，消除"拦路虎"，而预习的目的正在于此。预习搞好了，课堂学习效率和听课效果也会提高，复习、完成习题就会很顺利，一切反过来，变成了"良性循环"，这样，大学生的学习效率和质量就会不断提高。

另外，坚持预习的长远目的，还在于养成良好的学习习惯，有助于培养自学能力，为终身学习打下一个较好的基础。

2.预习的方式

（1）总预习

总预习，是对新开课程的主教材进行通览。即一门课程在开讲之前，大略翻阅一下教材的前言、目录、各章节的主要内容，熟知一下该门课程内容上的主要特点，从而了解课程性质、目的、任务，本门课程的理论基础、与相关学科的关系、学习和研究的主要方法等。此外，还应了解本课程在教学计划中的地位和作用、先修与后续课程的关系等。

（2）阶段预习

阶段预习，即对一篇、一章做整体的了解，主要是其中的内容体系结构，以及与前后章节之间的联系等。

（3）课前预习

课前预习，即对下一课堂所要讲授的内容进行较为详细的预习。这是经常性的、最重要的预习方式。

从严格的学习程序来说，大学生对于基础课、必修课的学习应该遵循预习的这三个程序，至少也要做到课前预习。

3. 预习的要求

（1）课前预习的基本要求

采用粗读方式，用心浏览，初步把握内容结构、核心、重点、难点、疑点。虽然不必弄懂每个细节，但是至少要分出懂与不懂的大致范围，从不懂中找问题。主要的问题类别有：新出现的名词、概念，物理、数学等抽象模型及其演变的理解问题；论述主题的背景、环境、条件及发展趋向的了解问题；新知与旧知、已知的关系问题；理论如何用于实际问题等。发现的问题，应在教材上加以标注或记在听课笔记上。预习中提出的大部分问题，可在上课听讲及今后深入学习中加以解决，也有少数问题属于应有的知识准备。对不同的学生来说，或由于过去没有学过，或由于学过又遗忘了，"应知"变成了"不知"或"知之不透"。对于这类"应知"而"不知"的问题，在上课前应力求通过自学或请教他人的办法予以补救，以免成为听课中的"拦路虎"。

（2）根据课程特点，采取相应的预习方法

对于分析性课程，应着重了解理论体系中的前后联系；对于综合性课程，应着重了解学科之间的交叉关系；对于文史类课程，应着重了解主题与背景、内因与外因、因与果等方面的内在关联；其他，如考试课程与考查课程、必修课程与选修课程、重点课程与概论性课程等不同课程类别，在预习的重点与时间、精力投入上均应区别对待。

（3）掌握预习的度

《礼记》中提出了一个"预"的原则，说："禁于未发之谓预。"教学工作要有预见，宜未雨绸缪、防患于未然。这是预习的主要目的。由于有听课环节，所以没有必要把将要学习的内容全部弄懂，那样就变成全部自学了。当然，如果有时间精力，也可以基本弄懂，以便听课时可以更深入地思考理解。究竟预习到什么程度，可以根据不同的情况灵活掌握适当的度。

4.预习的主要方法

（1）概览预习法

主要是对应该预习的内容做粗略、概括的了解。先留心读一读教材前言或绪论部分，了解一门课程知识的主要内容、知识结构顺序、学习目的、意义等。然后，看一下章节目录、标题。接下来，还可粗读一遍教材，头脑中先有一个对教材内容的总的印象。

（2）提炼概括预习法

阅读教材各章、节、段后，提炼出各章、节、段的中心思想和段落大意，抓住每一段、每一节的关键词语、重点论述和基本原理。

（3）扫除障碍预习法

预习的每一章节内容中总会遇到一些不懂的词语、典故、生字、事件等妨碍理解教材中的观点和内容的"拦路虎"。在预习中，可以通过查阅工具书等方式提前消灭，以有助于对应掌握的观点和内容的理解。

（4）质疑预习法

在预习中，有意识地发现不易理解的疑难问题，善于从不同角度提出各种各样的问题，并试图回答这些问题。无论能否回答，都要带着这些问题自觉主动地去听课。

（5）思考题预习法

一般的教材在每章节后都要布置一些思考题目。预习时，可以按照这些思考题目看自己能否回答，以此检验自己的预习成果。

（6）参考书预习法

预习主要以教材为主，但也可以参阅参考书。参考书有两类：一类是不同版本的同一教材，预习时可以把指定教材和参考书比较对照，找出疑难问题，加深对基本观点、内容的理解；另一类是与教材内容有密切联系的专题研究的专著，把教材同这类参考书结合起来，有助于把观点、原理的理解进一步引向深入。

5.应当注意的几个问题

大学生在预习过程中，应当注意克服以下几种不正确的心理倾向：

（1）一看就会的心理

有些大学生预习时，在粗略看了教材内容之后，发现思路清楚，难懂难理解的语句、观点基本没有，不懂的字词、典故也没有，于是就觉得内容容易，不愿意对重点段落和观点做深入思考。这些教材从字词表面上似乎没有难理解的问题，但其实有些观点非常深奥，内容也非常丰富。大学生如果善于思考，善于把正在预习的观点、内容与已经学习过的其他知识点或者其他学科的有关知识点结合起来，就会发现许多较难理解掌握的问题。克服这种心理的最好办法，就是开动脑筋，积极思维。

（2）一看就畏惧的心理

有些大学生预习时，也是在浏览一遍教材之后，发现文中专业术语多、典故多、看不懂的语句多，于是就产生了畏难情绪，不愿意继续看下去，专等课堂上教师的讲解。确实，有些课程的内容有一定的难度，反映在教材上就必然会出现较难理解的语句和典故。也正是因为如此，才更需要大学生认真深入地预习和阅读，提前扫清理解基本观点和原理的障碍。即使一些语句和原理不理解，经过深入思考，搞清楚自己究竟什么地方不懂，懂到什么程度，不懂到什么程度，也就达到了预习的目的。带着这些问题听课，对于提高课堂的学习效果是有极大帮助的。如果一发现不易理解的内容就不愿意继续深入下去，完全等到课堂上去解决，势必会影响听课效率和效果。克服这种心理的主要方法，就是树立学习中的勤奋刻苦精神和坚强毅力。

（3）捡芝麻丢西瓜的心理

有些大学生预习时发现一些难理解的语句和典故后，就把精力完全放在这些词句、典故上，不自觉地忽视了对重点段落、重点命题的思考和理解。应该说，预习中搞清楚不懂的语句典故是非常必要的，但绝对不能捡芝麻丢西瓜。应该抓住该章节最主要、最关键的问题和内容深入思考。克服这种心理的主要方法，就是树立抓主要矛盾和矛盾的主要方面的思维方式。

（4）轻视预习的心理和习惯

有些大学生认识不到预习在整个学习过程中的重要作用，往往把预习排除在学习的全过程之外。如果教师强制要求，就应付一下，不强制要求，就根本不预习。克服这种心理和习惯的主要方法，就是努力提高对预习重要作用的认识，增强学习的自觉主动性。

（二）听课的学习方法

在课堂上听教师讲课，是在校大学生最重要的一个学习程序。虽然大学生和中小学生相比，听课在整个学习过程中的比重应该说有所下降（预习和复习作用上升），但它仍然是整个学习过程中的中心环节。课堂的听课效率、效果直接影响着整个学习的效率、效果。课堂教学效果，主要取决于教师讲授水平、师生的良性互动及相应的教学条件和环境。在教师及其他教学条件已定的情况下，学习效果便取决于学生在课堂上学习的积极主动程度和听课方法。

1.常用的听课方法

（1）多感官协同听课法

听课，似乎主要是发挥听觉器官的功能。其实不然。听课的过程，实际上是眼、耳、手、脑并用的过程。耳朵既要仔细听，眼睛也要认真看；既要看教师的板书，也要看教师的手势和表情，同时，手上还要认真记，大脑还要认真思考。只有眼、耳、手、脑同时并用、协同配合，才能取得最佳的听课效果。只是带着耳朵听课，实际上就把课堂学习同录音机学习等同起来了，必然降低听课的实际效果。

（2）引导思路听课法

教师在课堂上要讲许多观点和内容，但是这些观点和内容不是毫无内在联系地罗列出来，而是遵循一定的逻辑联系一个接一个、一步跟一步、一层又一层地揭示和展示出来。同时，每次课开始时，总要由上一次课的内容导入到本次课的内容，教师在讲授过程中还要不断提出带有启发性的问题。作为听课的大学生，不仅要听教师讲授哪些观点和内容，更重要的是要了解教师所引导的思路是如何切入本课内容的，如何揭示这些观点和内容之间的内在的逻辑联系的，同时还要随着教师提出的问题积极主动地思考。也就是说，听课者的思维进程一定要努力跟上教师的思维进程。

（3）对比听课法

这种方法主要是在进行认真预习基础上所采取的听课方法。因为在预习中大学生初步弄清楚了一些问题，同时还带有许多难点和疑点问题。听课者首先就要把自己在预习中自认为清楚的问题同教师的讲解加以对照，分清是非，以便加深理解这些问题，同时发现自己理解上的不足或缺陷。其次要有意识地带着预习中遇到的不懂、不清楚的问题认真听一听教师对这些问题的讲解。这种听课方法目的明确，针对性强，会使听课效果更为突出明显。

（4）抓精华听课法

教师在一个单元的讲授内容中包括许多内容和观点，有些内容和思路是一般教材和大多数教师的普遍讲法，有些则是授课教师独到的或创新性的见解，听课者在抓住教师对基本概念、基本原理、基本观点的普遍性讲授的基础上，要学会抓住教师对内容提出的独到或创新性的见解。这些往往是课堂讲授中最精华的内容，对听课者来说也是最受启发的地方。作为听课者来说，就要学会和善于抓住这些精华和最受启发的内容。

（5）质疑听课法

学习者预习中需要提问题，听课中也要善于提问题。一是因为在课堂上有些观点和内容对多数学生来说，教师已经讲清楚了，但由于每个听课者的基础不同、理解能力不同、预习的程度不同等，总有少数听课者没有完全听懂。这些听课者就应该把不清楚的问题记下来，课后通过与教师或同学交谈直到弄明白这些问题。二是因为课堂时间有限，有些问题特别是一些非重点问题教师没有展开讲授。听课者如果能够发现这些问题，提出来课后向教师请教，有助于学习的深入和思维能力的提高。三是教师讲的观点和认识也并不都百分之百正确。听课者也不应该完全盲从教师。如果能够发现教师讲课中的一些问题，或对一些认识有不同看法，听课者都应该记录下来，课后与教师商榷讨论。这样做不仅对自身的学习和能力的提高有极大的帮助，而且也会促进教师水平和能力的提高。

（6）记笔记听课法

课堂记笔记，是听课的一种非常重要的方法，也是当前绝大多数听课者习惯运用的一种方法。但是，真正记好笔记却不是每一个听课者都能够做到的。听课笔记中不仅要记录下来教师板书的内容，更要记录下来教师在讲解中阐发的重点内容、观点、关键词语，特别是对自己启发最大的最精华的内容。课堂笔记一般是为自己今后复习所用，因此笔记中可采用多种自己习惯运用的符号。同时，最好在边上留下一些空白，以便复习时对笔记进行整理。

2.学会记笔记

（1）记课堂笔记的好处

学会记笔记是学会学习的一项基本功。心理学研究证明，记笔记的学习效率是不记笔记的 7 倍，记课堂笔记，好处甚多。

①由于记笔记是一种集多种感觉（视觉、听觉、动觉）于一体的综合活动，需要眼、耳、手、脑多种官能并用，可以使听课者思想集中并积极思维。

②课堂笔记是一种外在的保存方式，是一个永久性记录，对随后的学习、复习均是非常宝贵的资料，同时也是一份学习评价的重要资料。

③记笔记是一项重要的学习技能、学习策略，能训练人的思维敏捷性、判断能力、抽象概括能力等，练就记笔记的本领将终身受益。

（2）记笔记的步骤

记笔记的方法与技巧因人而异，要在长期实践中总结、改进、提高。一般来说，记笔记包括以下几个步骤。

①选好记笔记的工具。要做好笔记，首先需要一个固定的本子，而不是随便拿一些零散的纸做笔记，活页式笔记本就是一个很好的选择。活页式笔记本的好处在于，它具有伸缩的弹性，记录很潦草的笔记可以抽出来重新整理；如果有其他有用的补充资料，也可以放在适当的位置。接下来，要准备若干支笔，除正常书写笔以外，还要准备几种颜色笔，以便标记各种不同符号。

②注意笔记的格式。在笔记本上的首行应先写好课程、章节的名称以及授课教师的名字、联系方式等，最好标明记录笔记的日期。记录时，应将笔记写在每页的正面而不要两面都写，并且每页的左边留一定空白，以便补充、修改之用。在记录笔记内容时，文字下端对齐底线，上端不要触及上线，字体大小尽可能一致；行与行之间要排列整齐，并留有少许空白，方便修正错误、整补资料。另外，应当带着教材上课，以便于和教师讲课对照或做重点标记。

③选择记录内容。记笔记包括听和想，观看教师讲授时的形体语言及板书、屏幕等。记好笔记的关键是要记录恰当数量的关键内容。首先，是教师的板书和 PPT 课件。这些往往是上课的主要内容、章节的重点和难点，将教师的板书和 PPT 课件提纲挈领地记下来，既便于日后复习，又易于形成自己的知识体系。其次，是教师再三强调的内容。这往往是学习的重点、难点之所在，通常也是课程考试内容。最后，是自己认为重要的或难以理解的问题。

需要指出的是，记笔记的前提是听讲和理解讲授的内容，反之就会本末倒置。有时实在记不下来，宁可不记也要听好。

④整理笔记。通过整理笔记不仅可以对所记录的内容进行补充和修改，还可以使自己

的知识条理化、系统化。在课后先将课堂上记录的笔记浏览一遍，向自己提出几个问题：我的笔记是否反映了教师的重点？是否有一些关键问题没有彻底弄清楚？是否有需要教师澄清的一些观点？特别是需要教师澄清的问题要及时向教师提出。然后，参考教材和教学参考书对笔记的内容进行修改和补充，使之正确完整。同时，还要把所记内容分门别类进行整理，可以用图表的形式把各种知识分门别类放在应有的位置上，这样做既可以使知识记得清楚、提取方便，又可以培养自己比较和归纳的能力。

3. 应当注意的几个问题

大学生在听课过程中应当注意克服几种不正确的心理状态和习惯方式。

（1）不积极主动思维的心理和习惯

有些听课者认为，听课主要是"听"，自己的大脑就是一个白板或者一个筐，任凭教师往上贴或往里装。这种把听课看作单纯只是教师向学生传授知识的过程的观点显然是不正确的，听课的过程应是双向的相互的过程。教师的讲授并不能真正取代听课者对知识的接受。教师讲课是积极主动地讲授知识的过程，学生听课也是积极主动地接受知识的过程。听课者要做到这一点，就必须发挥大脑主动和善于思维的习惯和方式。古人所说的"用神听之"正是指这种听课方式。

（2）过于注重教师讲课的方式、方法的心理

教师的讲课方法多种多样。有的善于逻辑推演的理性思维，有的善于具体生动的形象思维，有的善于启发式教学，有的善于用幽默的语言、故事活跃课堂气氛。对于听课者来说，有些教师的讲课方法适合自己，有些就不大适合。于是，有些听课者就过于注重和追求教师的讲课方法。讲课方法凡是适合自己的，就认真听讲；凡是不适合自己的，就产生抵触心理、情绪，听课过程中不自觉地就开始走神，甚至放弃听课而做其他事情。作为教师，应努力提高教学的全面能力。但是，作为听课者就不应过多地苛求教师而影响自己的课堂学习。同样，应该学会适应各种各样的教学方式、方法。在遇到适合自身的教学方法时，能够最大限度地吸收讲授内容；在遇到不适合自身的教学方法时，也应该学会最大限度地吸取讲授内容。

（3）看热闹而不注重内容的心理

教师讲课中总要结合观点讲一些有关的事例和具体、形象、风趣的故事等。这种讲课方法对学生的吸引力较大，是教师讲课的优点、长处，其目的是帮助学生更好地理解基本原理。但是，有些大学生听课中往往只注意引人入胜的情节和热闹场面，而忽视了这些事例背后所包含的深刻的内容、含义。听课的效果就不自觉地打了折扣。因此，大学生应该学会善于透过这些热闹情节去把握更深层次的观点和内容。

（4）知难而退的心理和习惯

由于教材的难易程度不同、教师的教学水平能力不同以及大学生自身的知识结构和理解能力的差异等多种原因，导致有些大学生在听课过程中遇到较多的听不懂的问题。这种

情况下最容易产生的就是这些大学生的畏难心理和情绪，因而不愿意继续听下去。其结果是恶性循环，导致以后的课程听课难度更大。其实，大学生遇到这种情况，绝对不能知难而退，而应该极力克制自己，更加集中精力，更加积极主动思考，同时把听不懂的问题及时记录下来，课间或课后请教教师或同学，尽快加以解决。不懂的问题及时解决得越多，越有助于大学生今后的听课和学习。

（三）复习的学习方法

学习任何知识都必须遵循循序渐进的规律，用不断反复重复的方法才能最终掌握。在校大学生的复习程序正体现了这一客观规律和学习方法。大学生的复习一般分为三种：即课后复习、阶段复习和总复习。在此，着重介绍课后复习和总复习的方法。

1.课后复习方法

（1）及时复习法

根据遗忘规律，遗忘是在学习以后立即开始，其趋势是先快后慢。对知识接触的时间间隔越长，越容易遗忘。因此，大学生在课堂学习之后，一定要趁热打铁，尽量缩短与课堂学习间隔的时间，及时进行复习，减缓遗忘的速度，提高学习效率和效果。

（2）回忆复习法

复习时，可以试着不看笔记和教材，把教师上课讲的内容回忆一两遍。看记住了哪些，理解了哪些，哪些忘记了或者是还不理解。如果自己能够回忆出全部或大部分内容，就证明自己的预习和听课效果是好的；否则，就应当及时寻找原因，改进预习和听课方法。回忆时，可以边回忆边看书，也可以先回忆后看书。这种复习法不一定需要大量时间，可以利用饭后、睡前等零星时间闭目思考和看书。

（3）整理复习法

复习时，可将预习笔记、课堂笔记和教材放在一起，对照、总结、整理、提高。一看预习中遇到的问题课堂上是否全解决了；二看听课中遇到的问题目前是否清楚；三看本章节的要点是否真正掌握；四看是否还有新的问题。同时，要把笔记不全的地方再加以补充完善，对重点或难点问题可用特殊符号标注出来，以便于考前的总复习。

（4）自我检查复习法

课后教师留作业的目的实际上正是为了检查课堂学习的状况。作为学习者一方面要认真完成作业；另一方面还要学会自我检查学习效果。大学理工科学生每次课后基本都有作业，而文科学生作业就较少，因此学习者特别是文科学生要通过多种形式检查对知识的理解和掌握情况。例如，自我提问题和自我解答问题，自己找一些有关的问题和习题做练习，同学之间相互提问题和相互解答问题等。这样，可以进一步巩固、扩大所学知识，并使自己的能力也得到相应的发展。

2.总复习方法

总复习，一般是在一个学期结束之前或者一门课程结束之后考试之前所进行的对一个学期所学的知识或一门课程的总的复习。这种复习可以概括为两大基本方法，即"梳辫子"和"过筛子"的方法。

（1）"梳辫子"的方法

所谓"梳辫子"，就是对已经学过的一个学期或一门课程的许多零散的知识点进行归纳、整理，从中理出头绪，找出知识点之间的内在联系，反过来进一步加强对原有知识的记忆、理解和应用的复习方法。这种复习方法，可分为以下四个步骤：

①把学过的知识点在头脑中再进行回顾。究竟学了哪些知识，这些知识在头脑中的印象深刻程度如何，头脑中是否有总体轮廓。

②在回顾基础上，对这些知识进行归纳、整理。哪些是应掌握的基本的知识，哪些是派生出来的知识。并对这些知识点进行分类，用图表或树形方式表示出来，让自己对学过的知识一目了然。

③以前一步归纳的总纲为指导思想，再回过头来对所学过的每一个知识点进行具体深入的复习。对于每一个具体的知识点应掌握哪些要素，请参照关于理解的具体方法等内容。

④在系统复习基础上，再回过头来检查一下前面归纳的总纲是否完整和准确，可对其进行适当修改，再反过来指导具体知识点的复习。这样反复几次，就可以达到对知识理解深刻和掌握熟练的程度。

（2）"过筛子"的方法

所谓"过筛子"，就是通过自答、讨论、做习题等形式自我检查对知识的记忆、理解和运用的程度，对相对比较熟悉和理解深刻的知识采取过筛子逐步淘汰的方法，对相对不熟悉或理解不深刻的知识集中力量打歼灭战，经过几轮过筛子，就可以达到全面复习的目的。这种复习方法不是与"梳辫子"方法绝对对立的没有任何联系的方法，而是在前者基础上继续深入的方法，是对前一种方法的补充。

"过筛子"复习法又可以派生出以下几个更为具体的方法。

①做习题方法。在理科学习中复习时，有大量习题可做。做习题时，不要做完了事，无论会做还是不会做，做后都要认真思考一下，会做或不会做的原因是什么。如果会做，表明自己哪些知识点掌握了；如果不会做，表明自己哪些知识点没有掌握，是记忆问题还是理解问题等。由此筛选出是掌握还是没有掌握、掌握熟练还是不熟练的知识来。

②自答方法。可以按照教材上每一章后面的复习思考题或教师布置的思考题合上教材和笔记本，口头或笔头自答。然后，再对照书本、笔记或找其他同学，由此检查出不同的知识来。

③讨论方法。复习中可找两个或两个以上的同学共同复习，相互提问，相互讨论，相互争辩，由此发现自身对知识的理解和掌握程度。

④自我提问方法。在复习每一知识点时，不要只是按照教材上或教师布置的思考题进行复习，自己要学会从不同的视角提出多种多样的问题，然后自己回答，以检查对知识的

掌握程度。

⑤综合检查方法。可以找出本课程曾经考过的几份试卷，自己独立试答一下，全面综合检查自己对知识的理解掌握程度，找出存在的问题，有针对性地进行复习。

3.应当注意的几个问题

复习是在校大学生全面掌握知识的一个极其重要的程序、环节。在校大学生在复习中应注意这样几个问题。

第一，一定要明确复习的目的是在原有知识学习基础上再提高的过程，要克服单纯为考试而复习的心理。考试作为教学中的一个环节只是教师检查学生学习的一个重要手段。现行教育体制下的考试方法多种多样，每种方法各有利弊。每种考试方法只能大致反映学生的学习状况，不能完全准确反映每一个学生对知识的实际掌握和运用能力。大学生重视考试并由此督促自己复习是正确的，但不能把考试作为学习的唯一目的。如果只是为考试而复习，完全围绕考试的方法、题型特点而复习，即使分数上去了，但对知识理解掌握的程度并不一定很扎实、很牢固，也会直接或间接影响下一阶段或其他学科的学习。

第二，一定要抓住众多知识点的总纲，以总纲为指导思想去复习每一个知识点，切忌一上来就采用一节一节的、一个一个知识点的孤立复习的方法。因为前者可以从整体上把握知识之间的内在联系，而后者极容易把知识之间的内在联系割裂开来，用孤立、静止的方法对待每一个知识点，导致对每一个知识点的记忆、理解和应用上的肤浅性和简单化。

第三，对基本的概念、原理一定要牢牢记住，但反对把复习归结为只是单纯的死记硬背。复习应包括记忆、理解和应用三个环节，而最重要的环节是理解。在理解基础上的记忆才能更加牢固，理解基础上的知识才能更加自觉地应用。

第四，复习中一定要有计划、有步骤。心中要有数，按照先后顺序一步一步地来。千万不要东一榔头西一杠子，或者眉毛胡子一把抓。复习中急于求成，企图一口吃成个胖子的想法是绝对要不得的。

第五，复习中一定要有自主性，不要盲目跟着教师或同学跑。因为教师是根据学生普遍存在的问题进行复习的，而每个学生有各自的具体情况。学生在参照教师的复习计划的同时，更要根据自己的实际情况进行复习。

第六，复习中要正确处理好教材、笔记、参考书、习题集、复习题库等之间的关系。要以教材为主，绝不可喧宾夺主，用笔记、参考书等其他辅助材料取代教材。

（四）其他课堂环节学习方法

课堂教学除教师讲授以外，还有习题课、讨论课、辅导答疑课等其他教学环节。根据课程性质，教师还会布置不同类型的课后作业，如习题、小论文、读书报告、小型专题调查、编写案例等。这些辅助性课堂教学环节都是十分必要的，大学生应当积极参加并完成相关课后作业。

参加这些教学环节的重要性在于：一是加深对讲授内容的理解；二是扩大视野，启发思路；三是理论联系实际，初步进行运用，以深化理解，活学活用。

这些教学环节的学习，需要注意以下几个问题。

第一，和上课一样都要做好充分准备，要发扬勤学好思的精神。

第二，尽可能通过图书馆、互联网等途径收集相关学习资料，目的在于扩大视野、开阔思路，掌握分析、解决问题的方法，并不完全在于扩大信息量。

第三，所有课后作业都应该独立自主完成，不能互相抄袭。不良学风不仅是欺骗教师，更是欺骗自己。

第四，认真做好课程和学业总结。总结的目的在于提炼、提升、提高，做到纲举目张，把握经纬脉络。要把总结当作学习的一个必要环节来对待。课程总结可以按一堂课、一章一节进行，也可以在学完课程后进行。课程总结要向任课教师请教，与同学相互交流，要拿自己的总结请他们评价指正。

二、实践教学的学习方法

实践观是我国高等教育人才观的一个重要方面。我们强调树立实践观，重要的是培养大学生的独立自主意识，培养其将知识转化为力量、思想转变为行动的意识和能力，培养其创业意识和创业能力，为我国现代化建设做贡献的实际本领和才干。

进入 21 世纪以来，教育部接连出台了多个指导性文件，对高校在实验实习经费投入、高水平教师从事实验和实习教学工作、加强实验室和实习基地建设等方面都提出了日益明确、具体的要求。而在教学要求上，由"进一步加强实践教学"到"大力加强实践教学"，再到"高度重视实践环节"，标准不断提高。

实践教学在教学中具有十分重要的地位。这主要表现在以下四个方面：

①高等教育是理论与实践教学的统一体，理论联系实际是教学的基本原则。实践教学不是理论教学的依附和验证，两者密切相关，又相对独立、相辅相成。

②社会对应用型人才知识、能力、素质协调发展的要求，需要在人才培养过程中以能力培养为中心，理论与实践并重。

③实践教学对提高大学生的综合素质、培养创新精神与实践能力有着理论教学不可替代的特殊作用。

④在实践教学中，大学生是教学的主体和核心，应围绕解决问题的思路展开实践，而不是被动地接受知识的灌输。

（一）实验课学习方法

1.实验课的特点和新要求

科学发展的历史表明，许多伟大的发现和发明均来自实验室。据统计，全世界诺贝尔奖获得者中有 72% 是在实验室中做出贡献而获此殊荣的。理论知识需要通过实践检验，而实验往往又能发现并产生新的理论。大学实验课是理工科学生获取和探索知识、提高基本技能的一个重要教学程序和环节，在教学计划中的地位和作用十分突出。

实验课是在教师指导下由大学生独立完成的一种教学活动。大学生借助仪器设备和有关用品，对某些自然现象、技术过程、工艺流程，在人为控制某些因素、条件的情况下观察其演化状态、变化规律，从而培养大学生观察现象、验证理论以及分析和解决实际问题的能力，树立实事求是的科学态度、严肃认真的工作作风和探索创新的精神。

目前，在深化教改过程中，国家对实验教学提出了一些新要求。

第一，改变按理论教学进程、以验证理论为主的实验课的传统做法为单独设置实验课。

第二，建立了系统的培养学生实验思想、实验技术和能力为主线的实验系列课程，构建实验教学的新体系。

第三，从因材施教、人才培养个性化、教学计划弹性等原则出发，实验教学也实行"选课制"。

第四，改进实验指导方法，使实验过程逐步成为大学生自己研究探索的过程。如实验室开放、大学生开展创新性实验等。

2.实验课的学习方法

在基础实验教学阶段，既要重视大学生实验操作能力的培养，又要关注大学生实验技术理论的学习和提高，如实验原理、实验设计、调试技术、测试方法、数据处理、误差分析等。实验课学习效果，除了指导教师的主导因素之外，还取决于大学生自身的态度和方法。大学生在实验课中，应努力做到以下几点。

（1）认真做好实验前的各项准备工作

准备工作包括思想准备和物质准备两项内容。

①思想准备工作。如复习与实验课有关的课堂讲授的书本理论知识，阅读实验讲义，了解实验目的、要求、步骤、方法，掌握实验原理。即弄清楚为了达到上述实验目的所依据的是什么理论，运用什么样的实验方法，需要测定的项目与哪些因素有关。进而分析实验要点，其中包括实验步骤、需要观察的现象，以及保证实验成功必须控制实验误差的关键等。实验前，要认真听指导教师的讲解，要记下讲解中提出的注意事项，以往做该项实验出现的种种问题，以及取得实验成功的关键。

②物质准备工作。如实验方案中提出的有关设备、仪器、原料及用量，实验前一定要准备充足，并进一步熟悉所使用实验仪器设备的性能、操作方法、测量范围和注意事项等。具体实验前，再检查一遍实验用品是否齐全，放置是否得当。例如，常用读数仪表、开关，要放在便于就近读数和操作的位置。

（2）严格执行各项具体的实验操作程序

具体实验过程可以分为以下两个步骤。

第一步："想象"实验。即在正式开始实验之前，先在大脑中回忆一遍教师多次反复强调的实验课的基本的操作程序和注意事项，一些仪器、设备的使用方法，并按照实验方案中规定的实验目的、方法、手段、程序在思想中预演一遍实验的全过程，对可能出现的问题采取什么样的预防措施等。

第二步：实际实验。即按照实验方案中确定的实验程序、步骤进行有序的、准确的、具体的实际操作。每一个具体程序开始前，还可以再想一遍预先设计好的步骤和注意事项，如果记忆不准确，再看一看实验方案，然后再具体操作这一程序。在记忆不准确的情况下，千万不能盲目或贸然进行下一步骤。实验中结果与预想不相符合或出现预料不到的问题，尽量自己先思考分析一下原因，不要急于问他人。找到原因之后，可重新操作实验一次。若继续重复出现问题，可请教实验课的教师或周围的同学。在实验操作中，要有条有理、从容谨慎，切忌杂乱无章、草率从事；要避免无意识操作；有些基本操作要力求规范，不断提高实验技能。

（3）具体观察实验过程中出现的各种现象

实验过程中每一步骤都要认真观察与思考，有意识地培养自己的观察能力，其中包括持久而稳定的注意力、细致敏锐的观察力。观察力与思考力是共生共存的，要用科学的思考指导观察。要观察与思考在实验的不同阶段应当出现的现象是否呈现，这样才能把握实验现象的本质特征和内在联系。

在实验过程中，实验对象总要发生这样或那样的许多变化和出现一些新现象。实验者一定要认真、仔细、耐心地观察这些现象及其变化。一是要用感官去观察这些现象；二是要借助于各种仪器设备观察其变化。然后，对这些现象及其变化，以及各种具体的数字详细地记录下来。对实验过程中出现的各种反复的或异常的现象，也要记录下来。如同一具体程序重复实验几次，每次的不同结果，特别是出乎预料的结果。不能只记录与预测结果相近或等同的一两个现象或数值，或者按主观意愿任意编造和涂改某些数值。应当以实事求是、一丝不苟的科学态度对待这些结果。

（4）高度重视实验安全

在实验中要十分注意增强环保意识、重视人身安全。如化学试验要注意通风设施是否完好。易燃易爆物品、有毒物品的领取、使用，残留清除，人身防护等，都必须严格遵守有关规定。用电安全、消防设施的使用等，都应在密切关注之中，以免发生意外时惊慌失措。虽然这些主要是实验室管理人员的职责，但参加实验操作的人员都应当了解并掌握排除意外的常识和技术。实际上，这也是在实验课中应当学习的重要内容。

（5）对实验过程及其结果进行分析总结

实验结束之后，要对实验过程及其结果进行认真的分析、讨论和总结。一是把实验过程中所测量的各种数值进行整理、计算，根据教学的要求制成图表或曲线。二是与理论进行比较，对各种出现的现象结合所学的书本理论知识给予科学的说明和解释，或者根据实验事实对传统的理论观点质疑，并提出自己对这一问题的新的见解和认识。三是将实验过程、结果，对实验结果的分析、认识、推理过程等按照教学要求写成实验报告。

实验报告一般都有固定的格式。其内容大体包括实验目的、实验原理、实验步骤、实验现象、数据处理及误差分析等内容。认真做好实验并写好实验报告，不仅是为了培养大学生实验能力和技巧，而且也是为其日后进行科学研究、撰写论文打下良好基础。

大学生的实验能力训练，不应停留在验证实验水平。在经过基础性实验课训练后，应多参加一些综合性、设计性、探索创新性实验，培养大学生的实验设计和创新能力。这些实验项目由大学生提出，实验方案由大学生拟定，实验方法由大学生设计，实验过程由大学生独立操作，实验结果由大学生总结分析，教师只起咨询监督作用，能够培养大学生独立的实验研究能力。

（二）实习中的学习方法

实习是本科教学中非常重要的教学环节。所谓实习，就是大学生在教师或有关人员的带领下，到工厂、社区、医院、工地等有关场所，从事一定的实际观察或实际工作，以获得与书本知识相联系的大量有关的实际知识和实际能力，并学会运用理论知识分析和解决实际问题，培养独立的工作能力。

大学生实习的目的，在于使大学生通过亲身参加生产实践、社会活动，对生产过程有所了解，认识社会、认识国情，熟悉自己所学专业在国民经济、社会发展中的作用，增强事业心、责任感，提高为人民服务的自觉性。同时，获得与书本知识相联系的大量有关的实际知识和实际能力，并学会运用理论知识分析一些社会现象及生产中的实际问题，尝试提出解决这些问题的方法，培养独立的工作能力，为以后从事岗位工作打下一定的实践基础。

由于专业类别的不同，大学生实习的内容、次数安排等也不一样。理工科专业有认识实习、生产实习、毕业实习；文科专业有结合课程的教学实习、社会调查、毕业实习；医学专业则有较长时间的临床实习，与临床教学结合进行。

一般来说，实习主要包括认识实习、课程实习、生产实习和毕业实习等多种形式。认识实习，主要是离开学校到生产第一线、展览馆、博物馆、纪念馆、一些历史文化遗迹和现实生活中的主要事件事发地等进行参观访问。这种实习形式能够给予大学生以课堂上所没有的更多的感性事实材料，有助于大学生加深理解书本理论知识，并激发学生对该门课程的热情和兴趣。

课程实习，主要是一些实践性较强并兼有技能培养的课程，一般安排在校内课堂上进行的实习活动。例如，计算机课要安排上机实习，生理解剖课要安排生理解剖实习等。这种实习主要是将书本上讲到的关于技能性的知识较迅速地转化为学生的实际操作能力。一般来说，这种实习课程次数越多，越有利于学生实际技能的形成和提高。但学校受仪器、设备等物质条件的限制，其课程时数总是相对固定的。因此，大学生一定要珍惜每一次的课程实习。实习前做好准备工作，实习中严格按照操作要领，认真操作每一具体程序和步骤，提高每一次课程实习的实际效果。

大学生实习的最主要形式是生产实习或毕业实习。这种实习主要是根据专业知识特点深入与该专业直接有关系的实际场所参加一定的实际工作。例如，理工科学生要到厂矿企业去实习，医学院校学生要到医院去实习，财会专业学生要到金融系统或各单位的财会部门去实习，师范院校学生要到中小学校去实习。这种实习的主要特点：一是时间相对较长，一般至少有一个月时间，有的可多达半年、一年。二是综合性强，不仅要使学生获取大量感性知识，加深理解书本理论知识，同时还要锻炼和培养学生运用所学知识分析问题和解决问题的实际能力，为后续专业课的学习、课程设计和毕业设计打下良好的基础。三是对大学生进行实践观点、劳动观点、群众观点和集体主义观点的教育，提高大学生的思想觉悟。在此，着重介绍这种实习的主要方法。

1. 做好实习前的各项准备工作

实习前的准备工作非常重要。准备工作的好坏程度直接影响着实习过程和结果。这些准备工作包括三个方面：一是思想准备。实习要去一个新的不熟悉的环境中，有可能遇到一些这样或那样意料不到的问题和困难，因此要有吃苦的思想准备。二是知识准备。实习前，要把已经学过的各种基础和专业知识再复习一遍，特别是自己相对不熟悉的但实习过程中可能遇到和需要的知识要多下一些功夫。因为实习过程中各种事务性工作或琐事较多，没有较多的大块时间再翻书本知识。三是物质准备。如新的工作生活环境中所需的个人必备的工具、生活用品等。

2. 严格遵守实习单位的各项规章制度

来到实习单位后，首先应了解实习单位的基本情况，熟悉自己将经常接触的有关人员，特别是要熟悉实习单位的各项规章制度。因为规章制度是任何一个单位正常运行的一个最基本的条件。该单位的任何人员都必须严格遵守规章制度。大学生来到实习单位，以一个普通工作人员的面貌出现，也必须严格遵守这个单位的规章制度，绝对不能以不熟悉为由，我行我素。

3. 摆正位置，虚心向实习单位的工作人员学习

在实习过程中，大学生可能会看到许多学校中没有看到过的社会生活中的一些落后的因素和阴暗面，可能会看到所接触的某些工作人员的缺点和不足，因此极容易产生瞧不起他人、放不下学生架子的心理倾向。这种倾向是极其有害的。大学生应该学会用辩证唯物主义的观点，全面地认识社会生活，学会认识社会生活的本质，认识群众的本质、主流，学习实际工作人员的丰富的社会实践经验，善于发现他们身上一切闪光的思想和品质以及长处和优点，真正放下学生架子，拜一切实际工作者为师，虚心向他们请教，心甘情愿地做他们的小学生。这既是完成实习任务的一个非常重要的基本条件，同时它本身就是实习工作的极其重要的任务之一。当然，虚心向实际工作人员学习并不是说盲从实际工作人员的一切认识和行为。对于所看到和接触到的一些错误的不健康的思想和行为也应该有一定的辨别能力，自觉抵制这些思想和行为对自己的影响，并在力所能及的情况下，同错误思

想和行为做必要的斗争。

4.坚持理论联系实际的实习总原则

大学生在实习单位总要承担一定的具体的工作任务。作为实习者来说，一定要认真完成这些工作任务。但是，实习者不只是为完成任务而完成任务，更重要的是要把在学校所学的书本理论知识应用到实际工作中来，同时观察和搜集学校里和书本上接触不到的实际生活中的各种感性事实材料。因此，要求实习者一定要坚持理论联系实际的实习总原则，把书本知识与实际知识很好地结合起来。一方面用感性事实材料验证书本知识；另一方面用书本知识指导实际工作，培养自己的实际工作能力。同时，还要善于发现书本理论知识的缺陷、不足甚至是错误的内容。为了便于实习后的总结工作，实习者最好在实习过程中做实习笔记或日记。

5.认真做好实习后的总结工作

实习结束之后，大学生要做好实习总结工作。实习总结的过程，实际上是在实践中从获得的大量感性认识上升到理性认识的过程，是再认识、再提高、再学习的过程。实习者一定要认真对待。实习总结主要做以下三方面的工作。

①总结专业知识和专业能力方面的收获、体会和存在的问题。自己究竟在哪些专业知识方面体会和认识较为深刻，哪些能力方面有所提高和增强，实习中暴露出自身的知识结构和掌握程度方面究竟存在什么问题，原因是什么等。

②思想方面的收获、体会和存在问题。实习的过程也是一个不断加强世界观改造和提高思想觉悟的过程。实习总结中也要结合这方面的内容，谈谈自己对社会生活的认识，自身世界观和思想觉悟方面暴露出来的问题及其原因，人生价值观和社会责任感方面有什么变化和提高等。

③自己今后的努力方向和教育改革的建议。从实习中所反映出来的自身存在的各种问题，制定自己在以后的学习生活中努力的方向和应采取的措施、方法等。同时，实习中大学生身上反映出来的问题在一定意义上也反映了学校教育和教学方面存在的问题。因此，实习者在分析自身的问题及原因时，也要从大学的教育制度、教学内容、教学方式、课程设置等方面寻找根源，揭露和批评这方面存在的问题，并对学校今后的教育改革提出这样或那样的建议来。这样，一方面可以促进学校的教育改革；另一方面也体现说明了现代大学生对我国教育发展的社会历史责任感。

三、科学研究活动中的学习方法

科学研究能力是现代大学生应当培养的基本能力之一。科学研究能力不是与人才其他能力绝对对立和毫无任何联系的，而是有内在的紧密联系，是相辅相成的。科学研究能力必须以学习能力、观察能力、独立思维能力、表达能力、鉴别审美能力、自我控制调整能力等为前提和基础。同时，科学研究能力的提高，也会促进其他能力的发展。科学研究能力的提高、发展不是大学毕业之后的事情，而应该在大学学习期间就自觉地培养。所以，一般大学本科教育在四年学习期间对大学生的科学研究活动都有基本的要求。例如，要求大学生每年必须完成学年论文，毕业之前有毕业论文等。当然，大学生的科研活动还不完全等同于专业的科研人员或从事具体职业的实际工作人员。大学生的科研活动既有与他们的科研活动共同性的一面，如都要探索现实事物及其规律性，都力求提出和阐发新观点、新认识、新理论、新技术等，但也有不同的方面。这是因为大学生的基础知识、基本能力和知识结构等方面同专业或实际工作人员还有一定的差距，虽然也对大学生提出同专业和实际工作人员共同的创新要求，但除少数学生之外，多数学生还不能完全做到。因此，大学生的科研活动在很大程度上带有学习、锻炼、培养的性质和目的。从这个意义上来说，大学生的科学研究活动也是一种学习活动，是大学整个学习生活中的一个特殊环节和特殊形式，也是非常重要的环节和形式。

大学生在科研活动中怎样才能深入学习、锻炼培养和自觉提高自身的各种能力特别是科学研究能力呢？

（一）从一年级起就要树立科研意识

大学生不能等到开始写学年论文或毕业论文时，才有进行科学研究的意识和愿望，而应该从大学一入学就要明确大学的学习生活。学习活动也应不仅仅是纯粹的继承前人和他人的成果，而应不同程度地包含"科研"的内容和性质。因此，从一年级就要树立科研意识，并把这种意识贯穿于学习活动的全过程中。

1.问题意识

科学研究总是从人们实践活动和理论发展中的问题开始的。能否发现问题，是科学研究中首要的第一个基本条件。但是，问题并不是自动跑到研究者头脑中来的，而是需要研究者主动去发现和揭示出来。而能否发现和揭示问题的本身就是一种能力。这种能力也是一种内化为自身素质的方法，即质疑方法。因此，大学生要从一年级开始，就树立问题意识，培养质疑方法。

2.观察意识

科学研究绝不是纯粹的逻辑推理，无论问题的提出还是问题的解释、论证和解决，都离不开生活和客观现实。因此，没有对自然、社会和生活的观察能力，是不可能有科学研究能力的。大学生在学校期间，不能只是读书本知识，更应该极大地关注社会现实，应该学会对生活的观察。不仅要学会观察自己不熟悉的不常见的各种现象，更要学会观察天天发生在周围的自己非常熟悉的各种现象。许多有作为的科学家、思想家，都是从大家都非常熟悉的自然或社会现象中发现了大道理，如牛顿、马克思等。因此，大学生要从一年级开始，就要树立观察意识，培养观察能力。

3.写作意识

任何科研成果都要通过论文、专著或者调查报告、实验报告等形式体现出来。在这些形式中，绝不是将认识结论简单地罗列出来，而是将自己的研究和思维过程按照一定的逻辑联系通过语言、文字、图表等符号表述和阐发出来。这就需要研究者必须具备思维能力（包括形式逻辑思维、辩证逻辑思维，理工科学生还需要数理逻辑思维）、语言表达和写作能力等。写作意识和写作能力不单纯是文字表达能力，其中也包含思维能力。作为大学生，科研成果的写作能力，要比中小学的一般作文的要求高得多。因此，大学生就应该在日常的学习活动中，多读一些他人的学术论文、学术专著、调查报告、实验报告等，不仅要学习和了解其中的学术内容，同时也要熟悉和了解其论文、报告等的写作框架、整体结构、阐述思路方法等。此外，还可以经常写写短小论文，以此锻炼自己的思维能力、文字表达能力等。

4.创新意识

科学研究同狭义上的学习不同，它不是强调继承、重复，而是强调发展、创新，大学生进行科研活动，最终也是要创新。要创新，就要掌握创新的一般规律和方法，就要处理与继承、重复之间的关系。大学生要进行科学研究，就必须树立创新意识，就必须熟悉和掌握创新的一般规律、方法和技能，就必须正确处理与重复、继承之间的关系。因此，大学生在平常的学习过程中怎样学习和掌握创新的规律、方法、技能，不仅是学校领导者和广大教师经常思考的问题，更应当是每一个大学生自身也要经常思考的问题。这对于大学生今后进行科研活动会有极大的帮助。

（二）明确科学研究的选题原则

进行科学研究就必须有科学研究的题目。题目选择是否得当，是关系到能否最终取得实际成果的一个非常重要的因素。历史和现实生活中不乏一些有志之士因选题不当，耗费了自己相当多的时间乃至一生而无所作为。这就存在一个科研题目的选题原则和指导思想问题。大学生进行科研活动时，应该明确以下几个科研选题的基本原则。

1.创新性原则

科学研究活动的本质或根本特点在于创新。没有创新，科研活动就失去了意义。创新表现在多个方面，如观点的创新、思路的创新、论证方法的创新、资料的创新、技术的创新、工艺手段方法的创新、材料设备的创新、产品的创新等。只要在整个科研活动及成果中，在某一方面哪怕是极微小地方有区别于前人或他人的创新，就能称得上是在进行科学研究活动。因此，科研活动者必须考虑自己选择的研究题目是否有可能在观点、思路、资料、方法、技术、手段等某一方面区别于前人或他人，能否把人们的认识、方法、技术等方面在原有基础上有所提高和发展。如果没有这种可能性，就不要选择；如果有这种可能性，就可以选择。

2.价值性原则

人类进行任何活动都应该有价值性，科研活动也是如此。换言之，人们所研究的科研题目、项目必须有一定的理论意义和现实意义，能够对现有的理论的发展和人们的实践活动的深入有积极的促进作用和指导意义。当然，科研题目的"有用性""价值性"不能理解得过于狭窄，不能仅仅从眼前的、局部的、直接的、实用的意义上来理解。有些题目在当下或实用价值上似乎意义不大，但从长远、全局、理论、观念等角度衡量，却具有较大和深远的意义、价值。

3.可行性原则

辩证唯物主义认为，任何事物的存在和发展必须具备一定的条件，科研活动也要具备一定的条件。如果说前两个选题原则是一种科研活动即将进行的可能性的话，那么要把这种可能性转变为现实性，就必须具备这种转化的基本条件，即可行性问题。这种可行性条件有两方面：一是指主观条件，即指研究者的知识结构、研究能力、科研品格、兴趣爱好，特别是对所研究项目的有关方面的熟悉程度，如国内外对该题目究竟研究到什么程度，哪些问题搞清楚了，哪些问题还没有搞清楚，应该从何处入手等，以及自身对该项目的研究基础等。二是指客观条件，即指文献资料、资金设备、研究手段、学术氛围、导师条件等。如果没有这些基本条件，即使研究题目的创新性的可能性再大，价值性再高，可能性变不成现实性，科研活动也失去了其作用和意义。因此，条件性也应当成为科研选题的又一个重要的基本原则。如果不具备这些基本条件，就不能主观随意地进行选择。大学生一定要结合自己的专业特点、实际能力、相对熟悉的内容、兴趣爱好和客观条件等慎重地选择题目，不可好高骛远，不切实际地选择难度、深度极大的题目。当然，对于条件不能形而上学地理解。有些条件，通过一定的努力，是可以改变的。选题时，也应该有所估计。

以上三条原则应当综合考虑，只考虑其中一条或两条而离开另外一条是不正确的。

（三）科研过程中应该注意的几个问题

1.要注意广泛搜集资料，不要在占有极少量资料的情况下，就匆忙下结论

任何一个理论上的新观点、新见解、新认识，都必须植根于所搜集和观察到的大量的事实感性现象材料的基础上。这种材料越丰富、越广泛，越有助于研究者进行理论上的概括和抽象，越有可能概括抽象出新的认识和见解。在一些有深刻的创新见解和观点的论文或专著中，并不是所有搜集到的材料都反映在文字上，但每一个新见解的背后都有大量的事实材料做后盾。研究者千万不要以为那些有创新型的论文只是内容中阐发出来的几条材料。仅仅依靠少量资料就过早下结论并企图有所创新是不可能的。研究者一定要在力所能及的情况下，尽最大努力，搜集到尽可能多的事实材料。

2.要注意反复多次实验，不要依靠一两次实验结果就过早下结论

有些科研过程需要经过实验，如一些理科、工科的科学研究活动；文科一些带有方针、政策性的研究以及一些需要经过自然科学手段进行科学鉴定的研究等，都需要经过实验。由于种种主观原因，一两次实验的结果并不一定都是真实的正确的结果，有些情况、结果可能是偶然现象。如果只是依靠一两次或少数几次实验过程或结果，就匆忙做结论，也往往会导致肤浅的甚至是片面的、错误的结论来。要反复多做几次实验，对实验中出现的

不同情况和数值要做具体分析，对实验中的最终结果要做出科学的说明、解释。

3.要有耐心和毅力，不要浮躁和急于求成

科学研究不是一件非常轻松和愉快的事情，研究创新过程中要遇到许多困难和阻力。正如马克思所说："科学大道上没有平坦之路可走。"即使是一篇短的论文也要付出辛苦和代价。这就要求研究者在研究过程中一定要有耐心、有持之以恒的精神、坚忍不拔的毅力和勤奋的工作态度。在实验中，要耐心观察；在写作中，要深入思考、反复修改；在遇到困难时，要千方百计地予以克服；在不利环境或外界干扰时，要保持心态的平衡，自觉抵制这些影响和干扰，并力求使之转化为激励自己发奋前进的有利条件和内在动力。古今中外历史上许多创新性的优秀的成果，往往都是在处于逆境的情况下产生的。心浮气躁、舒舒服服地搞科研，遇到一点困难就打退堂鼓或总是急于求成，企图"一口吃个胖子"，是绝对不会出有水平的高质量的研究成果的。

4.要实事求是，不要弄虚作假

科学研究是"科学"的研究，因此也就必须老老实实、实事求是地研究。"诚实"是一个科学工作者科学研究的最基本的素质和品格。它要求研究的事实材料是真实的、可靠的，而不是虚假的、主观猜测或臆造的；它要求研究的过程是实实在在的，而不是马马虎虎、做表面文章形式主义的；它要求研究成果中一切有创新性的地方都是研究者独立做出来的，而不是弄虚作假、东拼西凑来的。科学研究中不反对借鉴前人或他人的成果，而且认为必要的借鉴是创新的基本条件之一，但绝对反对借借鉴之名，行抄袭剽窃之实。

5.要虚心接受指导教师的指导和帮助，既不要自以为是，也不要一切盲从

大学生开展科研活动，一般都配备指导教师。指导教师从科研选题、研究过程、写作修改，一直到最后定稿，基本上都是以指导者和参谋者的身份参与到大学生的研究活动中来。指导教师一般都比较熟悉本学科领域内学术研究的基本状况和动态，都有较丰富的科研工作的经验，同时他们中的有些人还是国内外知名的学术造诣非常深厚的学者、专家。因此，大学生一定要虚心、诚恳地向指导教师请教，在选题、实验、列大纲、研究和写作过程等各个环节都要认真听取指导教师的意见，认真修改，绝不能自以为是，听不得指导教师的任何批评。

当然，接受指导教师的批评指导，并不是说一切都盲从教师的意见。这里有两种情况：一是教师的意见确实是正确的，但被指导的学生认识上一时还没有完全转过弯来。这种情况下，不要急于修改，而是要反复思考、琢磨教师的意见。如果还想不通，再与指导教师交换意见，把自己想不通的"扣"摆出来，直到真正弄明白弄懂之后，再去修改。二是教师的意见也有不正确的地方。这种情况下，也要和教师反复商讨，如果学生的观点是正确的，相信指导教师也能够虚心接受学生的意见，甚至鼓励和赞扬学生的独立见解和敢闯精神。如果认识上确实想不通，但又害怕教师在成绩上给自己打折扣，就简单机械地盲从教师意见。这种思想和行为是要不得的。

6.要重科研过程，不要过于看重结果

大学生的科研活动既有一般科研工作者的共同目的，也有自身的特殊目的。这个特殊的重要目的就是学习，即学习怎样进行科研活动，学习怎样将所学到的书本理论知识运用到现实生活中来，学习怎样不断地将知识转化为自身的素质、能力，为毕业以后真正从事科学研究活动奠定一个坚实的基础。大学生进行科研活动，看重自己的研究结果和成绩并不错误，但由于每个人的基础、知识结构、能力以及受所选题目的限制等原因，其最终的水平和成绩必然有所差异。如果把这种结果看得过重，而不对研究过程中的得失和差距做认真的分析，找出自身课程学习中存在的问题，明确今后努力的方向，那么这次科研活动也就失去了它的真正意义。即使成绩不错，也不能说明自身已经具有较高的科研能力、平常的课程学习已经达到非常优秀的程度。成绩不错的学生也应该从科研的整个过程中揭示出自己存在的种种问题，用更高的标准严格要求自己。所以，无论成绩较好还是不好的大学生，都要认真总结科研的全过程，看自己究竟在哪个环节或问题上有所得，在哪个环节或问题上有所失，原因是什么，怎样在今后的学习和科研活动中发扬自己的长处，不断改正自己的不足。只有这样，才能真正提高自己的科研能力和水平，才能真正达到在校期间科研活动的目的。

四、论文写作

专业论文写作训练是大学生人文素养、科学素养和实践能力培养的重要环节。一份工程设计说明书、一篇毕业论文或学位论文，不但体现了撰写者的科学研究成果及其学术水平，而且反映了撰写者的科学态度、科学方法、思维方式、写作能力等人文素养与科学素质。论文写作和专题设计是本科教学中综合性的实践和专业能力训练的教学环节。

（一）论文写作的类型与目的

高等学校各专业教学计划中一般都安排了专业论文写作这一教学形式，作为对大学生进行综合训练的独立作业。其主要类型有课程或课题论文、学年论文和毕业论文。一般来说，调查报告的写作、实习报告的撰写也可列入论文写作范围。

大学生专业论文写作的目的是：促进大学生掌握专业知识；培养大学生的思维能力，把握研究方法；促进大学生关心社会、了解社会；提高大学生的论述表达能力；增强大学生为社会做贡献的信心。不仅如此，大学生专业论文写作还具有评价功能。专业论文质量高低，是大学生自己对掌握专业知识的深浅、运用专业知识解决实际问题能力大小的自我考核，是大学生毕业及学位资格认证的重要依据，也是衡量高等学校教育质量和办学效益的重要评价内容。

（二）论文写作的特点

大学生专业论文除与一般学术论文一样应具有的学术性、科学性、创新性、专业性、实践性和系统性之外，还有练习性的特点。这主要表现在以下几个方面。一是要按规定的时间和质量要求完成。二是要在教师和教材（包括文献资料）的指导、提示下进行。三是要紧密联系所学专业知识、理论，并在写作运用中进一步学深学透。四是要大胆探索、创新，抱着认真练习的态度，不怕不成熟。五是大学生应有虚心学习的态度，向教师、专家请教，改正缺点，弥补不足，培养自己严肃认真的工作作风和老实严谨的科学态度。

（三）论文写作的基本要求

就论文写作的形式来讲，论点、论据、论证是构成大学生毕业论文的三大要素。文章主要以逻辑思维的方式为展开的依据，强调在事实的基础上，展示严谨的推理过程，得出令人信服的科学结论。因此，论文写作时要坚持以下三个原则要求。

1.在立论上要实事求是，并力求创新

（1）撰写毕业论文必须坚持理论联系实际的原则

大学生在观察、分析问题时能否坚持实事求是的科学态度决定了其论文的科学性。在科学研究中，既不容许夹杂个人的偏见，又不能人云亦云，更不能不着边际地凭空臆想，而必须从对客观实际的分析出发，力争做到如实反映事物的本来面目。

（2）观点要创新

大学生毕业论文的创新是其价值所在，也是科学研究的目的所决定的。文章的创新性，就是要求不能简单地重复前人的观点，而必须有自己的独立见解。大学毕业论文的创新性，具体表现为以下几个方面。

①所提出的问题在本专业学科领域内有一定的理论意义或实际意义，并通过独立研究，提出自己的认识和看法。

②虽是别人已研究过的问题，但作者采取了新的论证角度或新的实验方法，所提出的结论在一定程度上能够给人以启发。

③能够以有力而周密的分析，澄清在某一问题上的混乱看法。虽然没有更新的见解，但能够为别人再研究这一问题提供一些必要的条件和方法。

④用较新的理论和方法提出，并在一定程度上解决了实际生产、生活中的问题，取得了一定的效果，或为实际问题的解决提供新的思路和数据等。

⑤用相关学科的理论较好地提出并在一定程度上解决本学科中的问题。

⑥用新发现的材料（数据、事实、史实、观察所得等）来证明已证明过的观点。

2.在论据上要真实、充分、准确

一篇优秀的大学生毕业论文仅有一个好的主题和观点是不够的，还必须要有充分、翔实的论据材料作为支持。大学生必须经过认真的阅读、周密的观察和实验，尽可能多地占有材料，以最充分的、确凿的典型材料作为立论的依据。大学生必须把大学期间所学的理论知识综合运用到论文当中去，让人看到你充分的、确凿的、典型的论据，做到以理服人。

旁征博引、多方佐证，也是毕业论文有别于一般性议论文的明显特点。一般性议论文，作者要证明一个观点，有时只需对一两个论据进行分析就可以了，而毕业论文则必须以大量的论据材料作为自己观点形成的基础和确立的支柱。作者每确立一个观点，必须考虑：用什么材料做主证，什么材料做旁证；对自己的观点是否会有不同甚至相反的意见；对他人持有的异议应如何进行阐释或反驳。毕业论文要求作者所提出的观点、见解切切实实是属于自己的，而要使自己的观点能够得到别人的承认，就必须有大量的、充分的、有说服力的理由来证实自己观点的正确。

毕业论文的论据不仅要充分，还须运用得当。一篇论文中不可能也没有必要把全部研究工作所得，古今中外的事实事例、精辟的论述，所有的实践数据、观察结果、调查成果等全部引用进来，而是要取其必要者，舍弃可有可无者。材料的简单堆砌不仅不能证明论点，反而给人以一种文风拖沓、杂乱无章、不得要领的感觉。因此，在已收集的大量材料中如何选择必要的论据，就显得格外重要。一般来说，要注意论据的新颖性、典型性、代表性，更重要的是考虑其能否有力地阐述观点。

毕业论文中引用的材料和数据，必须正确可靠，经得起推敲和验证，即论据的正确性。具体要求是，所引用的材料必须经过反复证实。第一手材料要公正，要反复核实，保证其客观真实性。第二手材料要究根问底，查明原始出处，并深领其意，而不得断章取义。在引用他人材料时，需要进行认真的筛选和鉴别，做到准确无误。撰写毕业论文，应尽量多援引自己的实践数据、调查结果等作为佐证。如果文章论证的内容，是作者自己亲身实践所得出的结论，那么文章的价值就会倍增。当然，对于掌握知识有限、实践机会较少的大学生来讲，在初次进行科学研究中重复别人的劳动，在毕业论文中较多地引用别人的实践结果、数据等，在所难免。但是，如果全篇论文的内容均是间接得来的东西，很少有自己的创作，那就完全失去了撰写毕业论文的意义。

3. 在论证上要严谨而富有逻辑

论证是用论据证明论点的方法和过程。论文要以理服人，靠的是逻辑力量。即在概念、判断、推理的使用上遵循思维规律，符合辩证逻辑。论证一定要严密，富有逻辑性。从论文全局来说，作者提出问题、分析问题和解决问题，要符合客观事物的规律，符合人们对客观事物认识的规律。从局部来说，对于某一问题的分析、某一现象的解释，要体现出较为完整的概念、判断、推理的过程。

大学生毕业论文是以逻辑思维为主的文章样式，它诉诸理性，大量运用科学的语体，通过概念、判断、推理来反映事物的本质或规律，从已知推测未知。要使论证严密，富有逻辑性，首先就必须做到概念判断准确，这是逻辑推理的前提。其次，要有层次、有条理地阐明对客观事物的认识过程。

五、专题设计

专题设计是理工科专业、部分农科专业、艺术类专业、新闻传媒类专业等采用的一种综合实践课。一般分课程设计及毕业设计两种形式。

（一）课程设计

课程设计是一种综合性的实践课。一般在大学生学习了本专业主要技术基础课以后安排这一环节。要求运用所学理论知识及相关的实验技能初步练习解决一些局部性的工程实际问题，使大学生初步树立正确的设计思想、工程技术方法和科学研究方法。具体要求：

①培养大学生运用所学课程理论知识解决工程问题的能力，以及正确进行工程运算和使用技术文献资料的能力。

②培养大学生树立正确的设计观点和掌握零部件、工艺过程、工艺装配等方面的设计方法。

③培养大学生使用工程语言简明精确地表达设计思想的能力，绘图、编写说明书和答辩的能力等。

课程设计的内容视课程不同而异，课题不同则课程设计的程序不同。课程设计要根据课程设计指导书严格按要求进行。

（二）毕业设计

毕业设计是对大学生进行科学教育、强化工程基本训练和提高综合工程实践能力的重要阶段。通过毕业设计的创作活动，培养大学生综合运用所学基础理论知识和基本技能，提高大学生分析问题和解决实际问题的能力，培育大学生的创新能力和意识。毕业设计更是对大学生进行综合素质教育，培养严肃认真的科学态度、优良的思维品质和严谨求实的工作作风的重要途径。

1. 毕业设计的基本要求

毕业设计应满足工程设计的基本要求。即设计思想的科学性、设计内容的新颖性、设计表述的规范性、设计约束的严密性、设计过程的综合性以及设计结果的实用性等。

（1）设计内容的科学性

设计方案的论证，需要以科学理论为指导，以科学实验和工程实践为依据。设计内容应科学准确，符合技术要求。

（2）设计思想的新颖性

从设计的构思到设计成果的呈现，是继承与创新的有机结合，设计不是原有设计对象的复现，设计是运用智慧进行的开发与创造。设计应体现探索创新的特征。

（3）设计表述的规范性

设计工作的进行，应依据国家标准及各种规范，并结合科学技术、生产实践及经济发展状况，精心组织完成。

（4）设计条件的约束性

实现设计目标是有约束条件的，设计受到内、外约束条件的制约。设计中应采用科学的方法，综合研究各种条件，以期实现最佳方案的选择。

（5）设计过程的综合性

设计过程是科学先进的设计思想、可提供的物质资源与条件、现代设计方法的综合；设计过程是多学科的知识、科学实验、工程实践的综合。其综合性含有技术特征与非技术特征。

（6）设计结果的实用性

设计过程应与生产实践紧密结合，其成果能产生较好的经济效益和社会效益。

由于高等工科院校的毕业设计是在特定条件下为实现其功能而进行的设计工作，因此它还具有与一般的工程设计不同的特点：一是毕业设计课题的确定首先要符合专业教学基本要求，同时也要结合生产实际，兼顾科学研究的实际需要。二是毕业设计时间的限定性及学业的规定性。毕业设计任务规定为学生毕业前必须完成的综合训练必修课程。三是毕业设计是在教师指导下由学生独立完成的。指导教师可以是学校教师，也可以是工厂、科研院所的工程技术人员、设计人员及科研人员。

2.毕业设计的步骤和工作重点

第一，确定设计题目，明确设计任务要求。

第二，毕业调研实习，查阅文献，收集有关资料。了解资料信息中反映出的先进生产技术及手段，可使研究和开发的思路开阔，少走弯路，提高效率。在调研实习中要向生产实践学习，向生产第一线的工程技术人员学习，向使用者学习，多听第一线人员的意见，还要学习相关的技术资料。这些所学内容应概括写入调查实习报告并在报告中提出设计的基本思路。

第三，设计阶段。以机械产品设计为例，一般包括方案选择设计和论证，总体设计以及详细方案设计及计算，局部结构设计及计算、试验或编程等步骤。方案选择及总体设计必须做到周密慎重，以免进入局部设计时发现原则错误造成重大返工。设计环节环环相扣，必须前后呼应。

第四，编写设计说明书。要在教师指导下严格按规定的格式编写。设计说明书文本主体，包括引言、正文、结论等部分。其中，正文部分是说明书的核心。设计说明书撰写大体上要经过拟写提纲、写成初稿、修改、定稿等步骤。

第五，毕业设计答辩。答辩成功与否首先决定于毕业设计过程中的实际成果水平，但也与答辩准备是否充分有关。答辩是大学学习阶段的最后一次考核，是一次口头考试，也是一次口头表达能力锻炼的机会。

第二节　大学课程的学习策略

一、基础课的学习策略

基础课程学习阶段十分重要，是完成大学学习任务的基础工程。大学教育包含的学科专业门类众多，涉及的基础课程性质各异。随着教学改革的不断深入，大学课程体系出现了诸多变化，基础课的概念已经拓展并且愈加复杂化。大学生要学好基础课，应当针对不同类别特点的课程，采用不同的学习方法和策略。为了便于学生更好地掌握基础课程的学习方法，可将基础课归纳为分析性基础课和综合性基础课两大类。

（一）分析性基础课的学习策略

分析性基础课，主要是指数学、自然学科、技术科学性质的课程。大学生要学习这些课程，应注意把握以下几点。

1.明确课程的特点和学习要求

现代科学技术可分为三大类：自然科学、工程技术和技术科学。它们具有各自的研究对象和不同的功能：自然科学揭示客观世界的图景，而不承担改造世界的任务；工程技术直接服务于生产和其他社会活动；技术科学介于两者之间，它解决自然科学应用于工程实践的技术关键问题，或是针对工程技术中带普遍性的问题，做出统一的处理。在高等学校教学中，与此相对应就有基础（科学）理论课程、技术基础课程和工程技术（专业）课程。前两者属于分析性课程。

所谓分析，就是在头脑中把事物的整体分解为部分，或者把整体的个别特征解析出来，也就是"化整为零"。分析性基础课是为自然或工程对象的不同类别、不同部分、不同性质提供分析的理论和手段、提供抽象思维的充分训练，对开发人的左半脑具有极大的价值。

高等数学是为自然或工程的数学关系和变化提供分析理论和手段，是一门典型的分析性基础课程，是高等学校理、工、农、医等许多专业学生的一门必修的重要基础理论课程。通过对这门课程的学习，使大学生获得相关内容的基本概念、基本理论和基本运算技能，为学习后继课程和进一步获得数学知识奠定必要的数学基础。

高等数学在传授知识的同时，不仅要通过各个教学环节逐步培养大学生具有抽象思维能力、逻辑推理能力、空间想象能力和自学能力，还要特别注意使大学生具有比较熟练的运算能力和综合运用所学知识去分析问题和解决问题的能力。

自然科学基础学科课程，主要是物理、化学、天文学、地球科学及生物科学（生命科学）等（也有的学者把天文学、地学及生物学的一些学科列为描述性基本研究范畴之内，以示有别于物理、化学这类分析性基本研究类型科学）。对于这些学科，应视其在相关专业内的地位、作用而分别提出不同的教学要求。例如，开设大学物理课，一方面要为大学生较为系统地打好必要的物理基础；另一方面，要使大学生初步学习科学的思维方法和研究问题的方法，这些都起着开阔思路、激发探索和创新精神的作用，不仅对大学生在校学习十分重要，而且对大学生毕业后的工作和进一步学习新理论、新知识、新技术、不断更新知识，都将发生深远的影响。

对基础课程的教学要求，也就是对大学生学习这些课程的目标要求。为此，需要特别注意，不仅要求大学生对课程内容本身进行理解和掌握，还要在思维方法、能力、个人品格、素质等方面有所提高。

2.建立自己的课程学习程序

对于分析性基础课，大学生要从自己的实际情况出发，与相应的教学环节相结合建立自己的学习程序：

（1）做好预习

通过粗略阅读教材，了解要学的内容，力求对学习的重点和要解决的问题做到心中有数。若能理清提出问题、分析问题、解决问题的路径、思路，甚至解决问题的多种方法，则更佳。

（2）听好课

听课是系统学习知识的基本环节和重要方法，大学生要想学得好，就得会听课。听课时除了全神贯注、集中思想外，更重要的是随着教师讲课的思路积极思维，做到与教师的信息传递实现同步思维，达到共鸣的双向效应。只有这样，才能提高听课效率。

（3）做好复习巩固

复习是使自己对理论、方法加深理解、牢固掌握的深化过程。在复习过程中，要采取多种方法培养自己的思考能力。

（4）选做适量习题和阅读参考资料

做题要在掌握知识的基础上进行。通过做题，可以检查自己对所学的知识是否能正确理解，是否能正确应用，重点部分是否达到熟练运用的程度。这样，可以培养和提高大学生分析问题和解决问题的能力。阅读参考资料可以起到扩大视野、充实内涵、触类旁通、提高层次等方面的作用。

（5）重视总结，正确对待考试

教学是一章一节进行的，在复习基础上的总结也应按章按节进行。在此基础上再进行大教学单元以至课程结束的总结。这样，可以从整体上把握、理解各部分教学内容之间的内在关联，从而形成整个课程的理论框架体系，乃至达到"由博而约"的境界。

课程测验、考试是上述总结的自然延伸、是对自己学习的客观总结，大学生必须正确对待考试，切不可抱着蒙混过关、闯关等错误思想，对考试结果，应持"不问收获、但问耕耘"的心态。不要怨天尤人，只需反躬自省。

大学若能在基础理论教学的学习阶段逐步建立和完善自己的课程学习程序，不仅会在大学学习期间受益，而且会终身受益。

3.掌握基本概念和基本原理

分析性课程学习的重点和关键，就在于掌握学科的基本概念和基本原理。每个基本概念和基本原理都有严格的定义。在学习中，大学生应当通过各种方式，辨明和深刻理解各种概念以及与之相关的不同知识，主要包括以下几点。

第一，基本原理、定律或方程的叙述。

第二，确认定律中引用的全部概念的含义。

第三，辨别因变量与自变量。

第四，测量值的数量单位。

第五，列出应用的范围，辨别限制与假设。

第六，防止应用差错的提示。

第七，关于某原理在什么时候最为有用的重要提示等。

另外，在学习中要真正辨明基本原理，还要十分重视理解一些术语的正确定义。

（二）综合性基础课的学习策略

所谓综合，就是在头脑中把事物的各个部分联合起来，或者把事物的特征、方面结合起来，也就是"化整为零"。在理工类教学计划中的人文社科类的公共课、专业课、专业实践课和设计，均属于这种综合性的课程。这一类课程理应当提供对开发人的右半脑具有极大价值的形象思维或综合思维的充分训练。

综合性基础课程或通识教育课程涵盖人类知识的主要领域，即人文艺术、社会科学、自然科学（包括数学）、道德教育、基本技能（包括计算机技术、语言能力、定量处理）五大类。加强以人文社会科学为重点的综合性课程基础并使之与分析性课程基础相结合，其深层含义和动因就在于促进科学教育与人文教育的整合，培养全面发展的人才。

大学生综合性基础课程学习策略，主要有以下几点。

1.明确以人文、社科为重点的基础课程设置的教育价值

大学生只有明确人文、社科基础课程的教育价值，才能端正学习方向和目标，提高学习的自觉性。

（1）育人价值

培根说："读史使人明智，读诗使人聪慧，哲理使人深刻，逻辑修辞使人善辩。"这句话很好地反映了基础人文课程的育人价值。

人文教育在以全面提高人的综合素质为宗旨的现代大学教育中发挥着独特的作用。因为它告诉人们：人类的文明是怎样产生的，人类社会是怎样组成和发展的，人对自然、人对社会、人对别人、人对自己应该持有什么态度；什么是正义，什么是邪恶，什么是高尚，

什么是卑劣，什么应该捍卫，什么应该摒弃，等等。总之，人文科学可以使人们了解世界、了解自己，了解人的社会责任。

（2）方法论价值

我国高等教育理论在阐述本科教育学习标准时，第一次提出在系统掌握本学科、本专业必需的"三基"（基础理论、基本知识、基本技能）外，还有"方法和相关知识"的新要求，和过去的表述有明显的不同。显然，此处提出的"方法"不是包含在"三基"之中的一般工作方法和技术方法，而是强调进行方法论，特别是思想方法论的教育。

人文科学、自然科学和社会科学这三类知识分别代表了人类对世界的评价、判断和批评，社会科学介于自然科学和人文科学之间，既重描述又重评价。因此，只有进行人类三大知识领域及三种不同方法的全面教育，才能使学生获得合理的知识结构、能力及方法论结构，使他们不仅能掌握判断的观念和方法，而且能掌握社会行为评价的准则。康德有句名言："人，唯有人可以凭借教育成为人"。即通过教育使自然人变为社会人，也就是能按社会行为准则行事的人。所以说，教育的本质就是人的发展的（社会）价值设定。

（3）服务社会的价值

主要包括：存续文化；建设深层次的精神文明；直接参与经济建设；资政利治。

2.根据人文科学的特点采取相应的学习方法

大学生在学习人文文化课程时，必须认真选读原著、著作及名著、名作，而不能满足于简介性的二手教材的阅读、学习。同时，还要从双重方位去看这些原著、名著，尽量感知它们在自己的时代意味着什么，以及在我们的时代又意味着什么。通过学习不仅求得文化知识的长进，更主要的是求得文化精神的感悟和激励、思想的净化、品格的提升。在学习方法上，除听课外，更主要的是自学、参悟和讨论启发。

3.知与行协同，理论与实际结合

以人文、社会科学为重点的综合基础课程的学习既有"学会学习"的目标和任务，也有"学会做事""学会共同工作"及"学会生存"的目标和任务，并且特别地具有教化养成的作用。因此，在学习过程中要坚持知与行协同发展、理论与实际相结合的原则，使人类文化的精神财富、中华文明优良传统成为学生提高思想品德素养的强大动力。学习的效果要看"知、情、意、行"，即不仅要获得知识的增长，还要看思想、感情、意境的提高，更要见诸行动。知识靠积累，能力靠锻炼，素质靠长期实践中逐步养成。大学生要充分运用校园日常教学、文化生活条件及有组织的社会实践活动，主动积极地进行自我修炼。

在综合性基础教育模块中，有工程实践或专业实践课程的安排，其目的是促进基础教育与专业教育的早期结合，创造更多理论联系实际的机会。基于同样的理由，基础性的人文、社科课程也往高年级延伸安排。

二、专业基础课的学习策略

专业基础课，是基础课与专业课之间的中介性、过渡性课程系列。由于专业的学科特点不同，各类专业基础课程具有不同特点以及学习方法上的差异性。同时，各类专业基础课也有一些共同特性，如从基本要素到服务社会实际应用的中介，由总论到分论的过渡，由基本要素到衍生合成的发展等。

专业基础课不仅在整个大学本科学习过程中处于由基础到专业转变的关键地位，而且在未来实际工作中也具有"看家本领"的作用。这是因为，基础课知识难以直接应用，专业课知识又更新太快，而专业基础课知识则可能在较长时间内伴随着你，时时为你提供实际的服务。

（一）专业基础课的特点

专业基础课，又称"技术基础课"或"学科基础课"。就工科而言，这类课程的学术形态就是技术科学。专业基础课具有以下基本特点。

①大学生的学习由认识客观开始进入改造客观领域，并有特定的目标导向。

②以知识为基础开始形成某种特定的能力和技能。

③除通过理论思维形成的理论知识外，还有经验知识的获得和积累。

④形成了繁简不一的人—机系统。

与公共基础课阶段相比，学习技术基础课的难度在某些方面有所增大。因为公共基础课的许多科目与中学所学课程有一定的联系和连续性，而技术基础课程却联系较少。在技术基础课程学习阶段，一般专业的所谓"重头课"比较集中，课时较多，增加了学习难度。

（二）专业基础课的学习策略

1.要注意技术基础课在不同专业中的定位

例如，理论力学是各门力学的基础，在许多工程技术领域中有着广泛的应用，因此是一门理论性较强的技术基础课；工程流体力学（水力学、气体动力学）在动力类专业是技术基础课，在水利、航空专业则是主干技术基础课；制图是机械、电子、管理等专业的必修技术基础课；机械原理则是机械专业的主干技术基础课；信号与系统则是电子、通信类专业继电路之后的一门重要技术基础课；而金工实习则是机械类各专业实践性的技术基础课等。

2.要重视课程之间的内在联系

由于技术基础课的中介性，因而在学习过程中要重视课程之间的内在联系。例如，电磁场理论课是在大学电磁学的基础上，进一步掌握宏观电磁场的基本规律，并结合各专业实际介绍其技术应用的基本知识。通过教学，培养大学生用场的观点对电气工程中的电磁现象和电磁过程进行定性分析与判断的初步能力，了解进行定量分析的基本途径，为进一步学习和应用各种较复杂的电磁场计算方法打下基础。不仅如此，电磁场理论将增强大学生的适应能力和创造能力。因此，在学习这类课程之前，一定要对先修课程相关基础部分进行必要的复习。有时，在技术基础课运用先修课程中的某些基础理论，还会因为通过实际运用而有新的认识和理解。若能连贯起来深入学习和思考，还可起到进一步加固、夯实基础的作用。

上述情况在理工农医类专业中比较常见，即课程阶段之间内在理论体系比较紧密。人文社科类专业的课程衔接表现为另一种特点。例如，历史专业，学科基础课程除中国及世界通史为主干学科基础课外，还有史学、读史基础、史学论文写作的功能、史学方法论的基础，以及古代汉语作为工具性基础。前后课程的联系是从总体到局部、从一般到个别、由宽博到精深的发展线路。先修课为后继课提供整体背景和方法论基础。例如，由中国近代史、现代史到中国近代思想史，进而可以研究中国近代政治思想史，一般都是经由通史到专门史再到专题研究。这里要特别重视史学背景（包括外部环境）及史学方法论的基础联结问题。因此，大学生既要根据学科、专业的自身特点，重视课程体系的结构和联系，又要注意从整体上把握，以求达到融会贯通的境地。

3.认真做好实验

认真做好实验是理论与实际相结合的一个重要途径。

从基础课学习进入技术基础课学习阶段，对事物的分析便从理想状态进入现实状态。技术科学以数学和基础科学作为自己的基础，同时把它们的原理和方法进一步扩展到工程技术或专业技术的创造性应用中去。因此，技术科学本质上皆为实验科学。

为了体现技术科学的科学实验基础，许多技术基础课在提出理论教学要求的同时都提出实验教学的要求。例如，研究工程材料强度理论就不能停留在理论模型的分析上，而是必须通过工程材料的强度实验了解工程实际中的应用情况，从而使大学生逐步将数理基本理论用于解决工程实际问题的理念，并在实验、实践过程中积累经验。因此，实验教学在知识、技能（经验）和态度三方面所能实现的教育目的，无疑是其他课程单元难以替代的。做好技术基础课的实验，关键在于了解所做实验的工程或实际问题背景，追溯形成基本理论实验的原型。

三、专业课的学习策略

当前，我国高校教学计划中对专业课设置的基本要求是：既要体现专业培养目标的要求，又要体现专业自身的特点和办学特色，要根据需要和可能适当减少其占有的学时比例。本科人才培养目标、规格除专业的"三基"即"基础理论、基本知识和基本技能"外，要求具有独立获取知识、提出问题、分析问题和解决问题的基本能力及开拓创新的精神，具备一定的社会活动能力、从事本专业业务工作的基本能力与素质。这些基本要求应在专业课学习过程中逐步强化并充分体现出来。

在基础、技术基础与专业三大类课程中，专业课的学时比重因专业不同占

10% ~ 20%，所占比重不大但有显著特点，主要是与生产、科研、社会各方联系紧密，能触及学科前沿，案例具有典型性，反映行业、事业及学术发展方向乃至某些重要的决策分歧、学术争论等。因此，大学生在专业课的学习方法上应重视以下几个方面。

（一）用分析的态度对待专业课教学

专业课的类型多种多样，尤其在选课制的情况下，其设计内容比较广泛。有的属于专业的工艺、流程、生产及管理方法；有的是学科分支或跨学科、交叉学科介绍；有的属于基础理论深入提高部分（课程名称前面往往冠以"高等"字样，如"高等结构力学"）；也有属于研究专题的，或相近专业基本内容简介的（也可发展为辅修专业课程组），等等。

专业课形式多样，内容深浅不一，大学生在学习过程中应持批判分析态度。一般来说，专业课均有专业理论部分和实际应用部分，应当重视有关理论学习，而不要局限在专业操作训练上。专业课教材常常量大面广，但仍不能以教材及课堂讲授为满足，大学生必须多多阅读参考书籍和资料，特别是对相关学术期刊的阅览、网上的信息搜寻等，可以进一步把握学科和专业发展的前沿问题。对于概论性专科课程，则有深入课题可以探讨。对于学术前沿、专题研究、讲座等，一般都有"新"与"深"的特点，也往往有不同流派、不同观点的争论，同样也为深入学习提供机会和可能，因此，用分析的态度对待教学内容，是大学生学习专业课应持有的一种基本态度。在大学学习过程，大学生要努力提高自学能力，勤于思考，遇事能提出自己的独立见解，使教学过程真正成为师生交流、探讨问题的过程，发挥教学相长的作用。大学生要以自己的学习心得或形成的独立见解参与师生间、学者间的交流讨论，这种交流不在结果如何，关键在过程。其目的是通过这种交流，提高大学生自主学习的积极性和能力。

（二）发挥大型作业的教学作用

大学生独立完成课程设计（学年论文）、毕业设计（毕业论文）等大型作业，具有十分重要的教育、教学作用。一是可以总结所学理论并训练在实际问题上综合运用理论的能力；二是可以体现理论联系实际的原则，考查并培养大学生分析问题、解决问题的能力；三是可以了解和提高大学生的创新精神和创新能力；四是可以考查和改进大学生学风和工作作风的状况。

从更广泛的角度来看，完成课程的习题、做小论文、做实验、参加课堂讨论等，都是独立完成的作业，必须从小处做起，一丝不苟，独立完成，持之以恒。只有这样，才能养成良好的习惯。当然，完成习题一般主要有正误之分；而论文、设计的评价除正误之分外，还有优劣之别。基本正确无误只是及格水平，有一些不凡之见可评为良好，有创新独到之见解方可评为优秀。也就是说，对设计、论文的评价突出了对创新精神、创新能力的考核。

总之，对毕业设计、毕业论文这类大型作业的完成状况，不能仅从一种教学环节的质量如何来考查，而应当从本科教育培养大学生的全面要求来分析。这是一面镜子，是对大学四年教学状况、学习状况的整体反映，应当看作"全息性"的反映。这也是一次"合成军事演习"，看看大学阶段所学的"十八般武艺"在实践中运用得怎样。也就是说，进入专业课学习阶段以后，大学生对教学及学习的思考不能仅限于专业课的课堂教学，而应着眼于综合素质的养成。

（三）积极参加科研创新活动

我国高等教育法对本科教育的学业标准化的要求更高。在毕业生应具备能力的表达上，以往只提具有从事本专业实际工作的初步能力。现在的提法又加上了研究工作的初步能力。因此，应当大力提倡大学生积极参加各种形式的科研、科技创新活动。

大学生参加科研创新活动，可以采取多种形式。例如，可以参加大学生学术社团组织；可以由个人或课题小组选择项目，向学校各级组织申请立项，开展研究工作；可以创造条件参加教师的科研课题研究工作，也可以承担来自社会的委托研究课题，结合毕业论文和毕业设计开展专题研究，等等。

当然，培养创新能力可作广义理解，以便开阔视野、多方组织进行。例如，从事文学创作、艺术创作、竞标创意设计、大型文化活动的组织领导和创意活动，甚至可以包括承担文字翻译工作，参加数模竞赛、科技成果制作比赛，等等。

大学生参加科技创新、创作活动，可以从多方面获得锻炼。首先，是在专业学术领域获取新知识，提高能力以及学风、作风等品格的养成；其次，可以培养自己的团队精神以及与人交往、共事合作的能力，锻炼和提高参与社会工作的能力，提高语言和文字表达能力等。目前，一些高校大学生的科技成果已获得专利并进入知识产品市场，获得了良好的社会评价。

第五章　非智力因素与大学生学习

第一节　非智力因素的概念

一、非智力因素的提出

子曰："三军可夺帅也，匹夫不可夺志也。"（《论语·子罕》）"知之者不如好之者，好之者不如乐之者。"（《论语·雍也》）这两句话很明显地涉及动机、意志、兴趣、情感等非智力因素。在西方，夸美纽斯强调"对于儿童来说，对于使视觉、听觉和其他感官愉快的那种东西产生了某种兴趣，那么，它将能促进身体健康和智力的发展"。

20世纪30年代，美国心理学家亚历山大在其发表的《具体智力和抽象智力》一文中首次提到"非智力因素"。20世纪50年代，韦克斯勒又在《美国心理学家》杂志上发表了《认知的，欲求的和非智力的智力》一文，专门就非智力因素问题进行了较深入的探讨，是非智力因素概念正式诞生和科学研究开始的标志。20世纪80年代，我国《光明日报》发表了《应重视非智力因素的培养》一文，"非智力因素"及其相关问题引起了我国教育学和心理学界的重视。

上海师范大学燕国材教授的《应重视非智力因素的培养》一文发表后，引起了我国教育学和心理学界的重视。主要是培养学生的意志力、道德修养、克服困难的勇气和能力及自信、自立、自强的良好心理素质等。在教育过程中，非智力因素的培养和智力因素的培养同等重要，教育既要"解惑"更要"授道"，注重的应是学生综合素质的培养，而不仅仅是智力水平。同时，在未来社会中，有创造力的人往往并不单纯表现在会考高分上，培养创造力比培养学生考高分要重要得多。充分发掘学生的非智力因素，学会期待，学会欣赏他们潜在的价值。

二、国内外的研究

（一）国外研究

对非智力因素的早期研究，认为天赋高的儿童除智力以外，其他方面都比普通的正常儿童要差。天才儿童总被认为是身体虚弱、病态、情绪不稳定、神经过敏、性情古怪和离群独处的人。

对非智力因素的近期研究（20世纪50年代以后）否定了早期研究的观点。如布雷在他的《天才研究中的一些问题》一书中认为，人的杰出成就的产生是能力、个性和环境三种因素有力配合的结果。许多研究都还认为：各种个性的不同方面与各种能力结合后会导致有高度成就的特性"结合体"。许多研究者注意到天赋高的儿童在情绪和心理上具有很高的稳定性，还具有幽默感、独创性、好奇心和新异感。有的研究还指出，天赋高的儿童在礼貌、纪律、自我批评、合作性、独立性和敏感性诸方面都超过了一般儿童。

近期的研究中还有人提出以下观点。

第一，对活动的强烈需要和爱好是取得成就的重要因素。他们认为一个学生有学好某学科的能力，但由于缺乏兴趣，学习成绩并不突出，只有当学生对这门功课发生了兴趣，有了强烈的需要时，学习能力才能得到充分发挥，才能取得优良的成绩。

第二，对学科有积极的学习态度和热情也是取得成就的重要因素。包达列夫的研究结果显示：学生对一门学科的态度会在他的知觉、思维、记忆和想象等心理特性上留下痕迹。学生缺乏积极的态度，就会阻碍他的活动潜能的发展。他们认为成功的取得与热烈的情感是分不开的。冷漠无情的人是不可能成为一个创造者的。

第三，焦虑与学习成功有一定的关系。斯皮尔伯格认为：能力中等而焦虑低的学生，其成绩较同等能力而焦虑高的学生为优；能力低的学生，无论焦虑高低，其成绩均劣；能力强的学生，无论焦虑高低，其成绩均优。这与能力强的学生自我控制情绪的能力也强有关。

第四，人的意志、性格与能力发展有关系。赛尔金娜指出：性格特征对能力发展，尤其是意志对科学家的创造力的发展来说是不可缺少的品质。有的研究还指出，开朗的性格，对自己的潜力和成就能保持谦虚态度的品质，是一个真正学者必须具备的一种性格特征。

（二）国内研究

近十几年来，国内心理学工作者对智力因素和非智力因素在学习成功中的作用进行了比较研究。这些研究着重对不同年级的学生进行与智力、学业和人格有关的测试，作出相关分析，以获得关于某种个性品质在学习成功中所起作用的数据。主要的研究有以下几种：

第一，丛立新在《教育研究》1985年第4期发表的《非智力因素对学生学业成绩的普遍影响》一文中指出："在智力水平不同的三个组中，非智力因素优秀者达到高考分数线的人数，都高于非智力因素不良者。"

第二，祝蓓里在《心理科学通讯》1986年第5期上发表的《对青年学生非智力因素发展的研究》一文，通过对85名普通大学生和74名中国科技大学少年班学生非智力因素进行的比较研究，发现：少年班学生在学习活动中表现出更有耐力和坚韧性。这些智力优秀的大学生，看书能坐上几小时，根本不顾气候炎热，也不顾身体的疲劳以及外界对他们的诱惑。

第三，吴福元在《教育研究》1987年第5期上发表的《大学生智力因素和非智力因素与学习成绩关系的研究》一文中指出：非智力因素对大学生学习成绩的影响比智力因素的影响还要大；这种影响随入学时间的推移而逐渐增强。他通过对中学生的研究发现智力和入学考分中等的人，性格特征为审慎、冷静、理智、自立自强、不依赖别人，学习上采用"笨鸟先飞"的方法，后来他们的学习成绩名列前茅。而智商高、性格特征更顺从、缺乏信心、畏缩退却、不愿独立创新、学习上表现为喜安逸，只求过得去的学生，结果学习成绩处于全班中下的水平。

三、非智力因素界定

非智力因素这个概念自提出以来，发展至今已有80余年的历史，但至今学术界对其如何定义尚无一致意见。概括起来，通常人们使用的非智力因素这个概念有广义和狭义之分。广义的非智力因素指智力因素之外的一切身心因素、环境因素和道德品质因素。狭义的非智力因素一般指直接影响和制约智力发展的意向性心理因素，或称内在动力因素。

非智力因素的外延可以分为三个层次，其构成如表5-1所示。

表5-1　非智力因素外延的三个层次

层次	基本含义	组成因素
第一层次 广义的非智力因素	智力因素以外的一切心理因素	智力因素以外的全部心理因素
第二层次 狭义的非智力因素	由5种基本心理因素组成	动机、兴趣、情感、意志、性格
第三层次 具体的非智力因素	由12种具体心理因素组成	成就动机、求知欲望、学习热情、自尊心、自信心、好胜心、责任感、义务感、荣誉感、自制性、坚持性、独立性

上表所列的5种基本非智力因素都是意向性心理因素。所谓意向性，是指人们主动选择、适应和改造世界的心理倾向，它决定人们如何对待和处理事物。

（一）动机

是推动人按一定目标进行活动的心理倾向。它是人的需要的表现。动机可发展为人的信念、理想、价值观、人生观。动机同目的、目标紧密相连。

（二）兴趣

是人的需要得到满足时的情绪上的表现，它可以直接转化为活动动机。兴趣往往由好奇心开始，兴趣进一步发展就是爱好，兴趣是积极推动人们参与认知活动的重要心理倾向。

（三）情感

是客观事物符合人的需要时所产生的态度体验，情感与情绪在本质上一直且相互关联。不同的是，情绪比情感更广泛；情绪由当时一定情境引发，具有不稳定性，情感较少受情境的影响，比较稳定持久；情绪具有更明显的冲动性和外部表现，情感则比较深沉和含蓄。

（四）意志

是人自觉地确定目的、支配行动去克服困难、实现目的的心理倾向。它是人的意识能动性的表现。它在调整客观事物与人的需要之间的关系方面，具有特殊作用。

（五）性格

是人对现实比较稳定的态度和习惯化了的行为方式所表现出的个性心理特征。它以先天气质为基础，在后天各种主、客观条件长期作用下形成，是客观事物与人的需要之间的复杂关系在心理上和行为中烙下的难以磨灭的痕迹。

上表所列具体非智力因素是上述 5 种意向性心理因素的不同表现方式：成就动机是追求成功的动机；求知欲望就是一种兴趣，是探索和追求真理的兴趣；学习热情、责任感、义务感、荣誉感都是情感的不同表达方式，都是积极和高尚的情感，对学习具有不同作用，它们从不同方面体现为学习的动力；自制性、坚持性、独立性是重要的意志品质，它们对调节、控制和创新学习有着重要作用；自尊心、自信心、好胜心是性格的不同表现方式，是良好性格的体现，也是促进学习活动开展的积极非智力因素。

四、非智力因素的特点及与智力因素的关系

上述非智力因素，与我们常说的注意力、观察力、记忆力、思维力、想象力等智力因素有什么不同？简单地说，智力因素决定人"会不会学"，而非智力因素决定人"肯不肯学""爱不爱学"。智力因素是人们认识事物发生和发展规律的各种能力在心理上的反映；而非智力因素是激发和推动人们去认识事物的各种能力在心理上的反映。它们都对学习有影响，其中非智力因素影响学习的特点如下：

（一）间接性

非智力因素对学习品质、学习成绩的作用是间接的，而智力因素的作用是直接的。例如，学习英语，记忆力越好，记住的单词就越多越牢。可是一个人有学习英语的良好动机，不一定记住的英语单词就多。这是因为学习动机、学习态度等非智力因素只能影响学习的积极性和主动性，它必须通过强化智力，才能达到提高学习品质和学习成绩的目的。

（二）差异性

不同非智力因素对学习的作用方式不尽相同。作用时间的长短、作用力的大小，因不同人、不同对象、不同情况也有显著的差异。例如，有人说"天才就是勤奋"，有人说"天才就是毅力"，有人说"天才就是忘我"。可见不同非智力因素对不同人的发展过程的意义和作用不同，而智力因素对不同人的学习的作用方式是基本相同的。

（三）两面性

也有人称"适度性"，非智力因素对学习的作用既有积极的一面，又有消极的一面。过于焦虑对学习是不利的，但没有一点压力，对学习也不利；保持愉快的心态对学习是有

利的，但高兴过度，又对学习有害；坚韧不拔，朝着既定目标奋进，是所有成功者的经验，但是也有人固执偏激，不能根据变化了的形式调整目标，最终难免失败；兴趣爱好广泛既可以成为学习的积极动力，也可以成为转移学习的中心兴趣，影响学习进步的消极因素。

古今中外，大量学业成功人士的实践证明，只有智力因素与非智力因素协调发展，才是人成长过程最理想的境界。有的人智商很高，从小被誉为"天才""神童"，可是，因为忽视非智力因素的培养，往往好景不长，不是中途陨落，就是平庸终生；有的人智商并不高，甚至在学校被称为"愚人""蠢材"，但由于勤奋好学、自强不息、敢于创新，最终却成为大科学家，成为对社会卓有贡献的人才。当然，从另一方面来说，也不能只重视非智力因素的发展，而忽视智力因素的发展。人的远大志向、自强不息精神和创造性品格等非智力因素，都是在人认识世界的过程中逐步形成和提高的。有人认为，一个人的成才过程，好比一种产品的生产过程，智力因素是加工与处理系统，非智力因素则是动力与调节系统。没有加工、处理系统，动力和调节系统无论怎么好，也生产不出产品，更不用说生产优质产品了；相反，没有动力和调节系统，加工、处理系统便运转不起来，即使运转起来也可能偏离方向，结果也生产不出产品，更生产不出优质产品。这话很有道理，我们必须辩证地看待非智力因素与智力因素的关系。

第二节　非智力因素在学习过程中的作用

一、非智力因素在学习过程中的一般作用

非智力因素对学习的一般作用可以概括为以下几个方面。

（一）激发学习动力

这种动力作用突出表现在非智力因素能使主体产生想要学习的愿望，并驱使学习主体积极主动地投身到学习活动中去。各种非智力因素都可以起动力作用。对于不同的人、不同的智力活动，哪种因素或哪几种因素起动力作用，情况各不相同。67岁的爱因斯坦在谈到他探寻狭义相对论过程时说，16岁那年他无意中想到了一个很矛盾的现象："如果我以速度C（真空间的光速）追随一条光线运动，那么我就应该看到，这条光线就好像一个在空间里振荡着而停滞不前的电磁场。可是，无论根据经验，还是按照麦克斯韦方程，看来都不会有这样的事情。"于是强烈的好奇心和探求科学奥秘的浓厚兴趣，推动他开始探索这一不解之谜。经过十年的努力，他终于找到了答案，创立了狭义相对论。在这里兴趣是萌发强烈愿望的主要原因。李时珍学医愿望的产生却与此不同。他童年时身体瘦弱多病，在长期与疾病做斗争中，他深深体会到病人的痛苦，并培养了他对治病救人事业的深厚情

感，于是他立志学医。在这里，情感成为主要动力。学习的动力因素，总是同人的某种需要相联系的，当这些需要同某种目标联系，就产生了达到这种目标的动机，并激励人积极行动。

（二）确定学习方向

非智力因素还具有确定和引导学习活动沿着正确方向去达到既定目标的重要作用。有了学习动机，不一定有正确的学习方向；有了大致的方向，不一定有具体目标。因此，还需要选择方向和选择具体的学习目标。从大的方面说，就是要立志，树立崇高的理想、信念、价值观；从小的方面说，就是要树立学习的阶段性目标，例如，争取成为先进、模范，争取取得好的考试成绩等。良好的非智力因素有利于找到正确的学习方向；相反，不良的非智力因素，会使学习迷失方向。

（三）调控学习过程

非智力因素能调节、控制学习过程，克服前进中的阻力，使学习达到预定目标。意志、兴趣、情感、自信心都具有显著的调控作用。学习是十分复杂的认知活动，必然会遇到很多困难，甚至要经历一次次失败后才能获得成功。爱迪生为了寻找合适的作灯丝的材料，经过 1200 次实验都失败了。这时有人对他说："你已经失败了 1200 次，还要试验下去吗？"爱迪生回答："不，我并没有失败，我已经发现了 1200 种材料不适合作灯丝。"他的坚强意志使他从失败中奋起。

（四）开发学习智力

非智力因素还具有调动人的心理和生理潜能，开发人的智力的作用。我们常说的"勤能补拙"就是这个道理。孔子的学生曾参智力水平不高，但他特别刻苦努力，正是这种精神使他在整理孔子言论和学术思想，使儒家学说得以发扬光大方面做出了巨大贡献。非智力因素对智力的开发作用，最典型的事例是 X 射线的发现过程。伦琴因发现 X 射线成为第一个诺贝尔物理学奖获得者。但在伦琴之前，英国科学家克鲁克斯就发现了放在阴极射线管附近的照相底板被感光的现象。此外，德国和美国还有一些科学家也发现了这种现象，可是他们没有像伦琴那样寻根究底、坚持不懈地继续进行一系列的研究，结果错失良机。伦琴的成功就是因为他有一种探求自然奥秘的顽强精神，而这些顽强精神便是一种非智力因素，正是这种非智力因素，促使他连续发表三篇论文，最后揭示出这种现象的本质。

（五）激励学习创新

学习的最高境界是创新。人们研究发现，有些智商水平很高的人，创造力却很平庸；智商中等水平的人，却有高水平的创造力。吉尔福特对智商在 70 ~ 140 的学生进行创造力测验的结果说明了这一点。

吉尔福特的测试说明智商并不都是与创造力成正比的。在低智商区，创造力也低；在中等智商区（100）以上，有的人创造力很高，有的人创造力很低；而且智商越高的区域，这种两极分化越明显。现代心理学研究证实，智力的某种片面发展，会抑制人的创造力，人的创造力同非智力因素有极为密切的关系。人的兴趣、情感是启动创造活动的决定因素。创造活动是一个艰苦过程，一般都要经历多种挫折，因此，如果没有自信心、没有勇气和毅力等非智力因素的作用，创造活动便难以达到创造的目标。

二、非智力因素对不同智力水平学生学习的作用

一般来说，非智力因素水平高的学生，学习成绩比非智力因素水平低的学生要好，但非智力因素对不同智力水平的学习成绩的影响也有明显差异。

根据丛立新的研究，非智力因素的优劣状况对不同智力水平学生学习成绩的影响具有普遍意义，但影响的程度有明显差异。1985 年，她对 121 名高中毕业生进行了测试。其结果是：

①在智力水平为较高、中等、较低的三个组中，非智力因素优秀者，达到高等分数线以上的人数的百分比都超过非智力因素不良者。

②智力中等组的非智力因素优秀者的高考成绩，可与智力较高者（包括非智力因素不良者）并驾齐驱。

③有两个智商同为 136（属高智商）而非智力因素不同的学生，其中非智力因素优秀者的高考成绩高达 500 分，远远超过录取分数线，非智力因素不良者只考了 355 分，未达到录取分数线。

④一个智商为 104（属中等智商）的学生，由于非智力因素优秀，高考成绩达 491 分，超过智商高达 128 和 130 的考生。

还要特别指出的是，非智力因素和智力因素是不断发展和变化的，而且两者常常是在相互作用中不断提高的。例如，诺贝尔奖获得者、法国化学家格林尼亚，小时候受到父母娇宠，养成不思上进、整日寻欢作乐的种种坏毛病，19 岁以前他从未认真读过书。后来觉悟了，反省自己走过的人生之路，悔恨不已，于是他下定决心，一切从头开始。为了摆脱家庭权势和那帮不良朋友的影响，他离家出走，从此埋头发奋学习。终于在 8 年之后，发明了"格式试剂"，并因此获得诺贝尔化学奖。事实证明，非智力因素和智力因素都不是天生注定的，它们是在相互作用中不断发展的。

第三节　良好非智力因素的培养

非智力因素好比生命之帆，当智力如一艘正在驶向目标的航船漂泊在学习的大海上时，如何扬起你的生命之帆？

一、坚信"我的未来不是梦"——良好学习动力的形成

良好的学习动力，首先来自良好的学习动机。学习动机是人的需要的表现，当某种需要与一定的目标结合时，需要就成为动机。动机与目标有联系，也有区别。同样的学习目标，可能有不同的动机。学习动机有高尚和低级之分，高尚动机同社会责任感紧密联系，如为了祖国而学习；低级动机同低级层次需要相联系，如为了追求个人享受而学习。树立崇高的动机对学习具有特别重要的意义。高尔基说："一个人追求的目标越高，他的才力就发展得越快，对社会就越有益，我确信这也是一个真理。"但崇高的目标，是由一个个具体的良好的学习动机逐步积累起来的。

有的同学说，我确实想为祖国、为人民而好好学习，为什么我的学习成绩还是这么差呢？究其原因，最重要的是，很多同学的志向、目标还停留在抽象认识的水平，还没有将它转化为具体自觉的行为，要实现这种转变需要不断的学习和生活的磨难。在这个转化过程中：

第一，要把远景动机和近景动机结合起来。远景动机就是长远的目标，近景动机就是阶段性的奋斗目标。远景动机必须体现在一个个具体的阶段性的奋斗目标上。每门课程，每次考试都要有奋斗目标。只有借助于自制力，才能使停留在抽象认识水平的远大志向转化为自觉行动。

第二，要善于把外部诱因转化为内在的积极的学习动机。前面那位学子的日记就是这种转化的很好说明。遇到同样的外部诱因，有的人能将它转化为积极的学习动机，有的人则不能，反而可能因此而自卑，甚至丧失学习应有的动力。在学习活动中我们经常遇到可能转化为学习动力的外部诱因，如家长、教师和同学的赞扬与批评，各种竞赛和评比奖励与惩罚等，如果有正确的认识和态度，就可以将这些诱因转化为积极的动机；相反，如果熟视无睹，或者不能正确对待，就不仅不能转化为积极的学习动机，还可能转化为消极的学习动机，阻碍学习进步。

二、由好奇到孜孜不倦的追求——良好学习兴趣的形成

诺贝尔化学奖获得者李元哲教授与复旦大学学生对话时说："有一件事比较重要，这就是兴趣。"有许多年轻人问他做学问有什么捷径，他回答说："没有捷径。如果找到自己的长处，心甘情愿把很多的时间投注在上面，就能进步得比较快，而一旦进步快，做起来就会更有兴趣。因此，学习和工作便成为一种享受。"他说明了兴趣的作用，也说明了兴趣形成和发展的进程。学习感兴趣的知识，就会体验到愉快。有了学习兴趣，就能减轻学习压力，即使很艰苦也会乐在其中。兴趣同特长有关，要善于发现和利用自己的特长。当兴趣同自己的特长结合，就变成一种爱好，自己就会加倍努力。当努力获得一些进步后，兴趣会越来越大，最后转变为强烈的事业心，转变为热爱自己事业的深厚的情感。

良好的学习兴趣怎样才能形成呢？

（一）要培养好奇心

好奇心驱使你去探求，这就会引起你对某一方面或某些方面的兴趣。

（二）要引导兴趣适应变化的形式，不断向更高层次发展

兴趣比较容易受社会思潮和社会环境的影响，在其形成之初，往往具有一定的盲目性和不稳定性。没有正确的人生观和价值观，容易沉迷于低级兴趣而不能自拔。因此，要时时注意将学习兴趣与崇高的生活目标联系在一起，根据国家、人民的需要依据个人特长，引导兴趣向正确方向和更高层次发展。

（三）兴趣既要广泛，更要有中心

兴趣广泛是大学生的特点，这表明年轻人具有强烈的求知欲望。广泛的兴趣有利于比较全面地发展，可以使知识面更加广博、生活更加丰富和充实。但是要处理好广博与专深的关系，如果没有中心兴趣，或者说对自己的主攻目标没有兴趣，就会舍本逐末，一事无成。

（四）要在学习过程中不断强化良好的学习兴趣，使兴趣由偶尔的好奇，向孜孜不倦的追求精神转化

美国教育心理学家华尔特·科勒认为，兴趣可以看成既是学习的原因，又是学习的结果，正像兴趣是过去学习的产物一样，兴趣也是今后学习的动力。新奇的事物及不曾了解的事物固然容易引发兴趣，在工作中已获得成功的事物也容易引发兴趣。当你为获得成功而感到愉快时，也就是兴趣产生或强化之时。因此，有人说"学习是成功之母"，这正是对学习与成功关系的辩证认识。学习既是成功的途径，成功也是学习的途径，点点滴滴的成功会引导好奇心，并最终成为孜孜不倦的追求。总之，兴趣是可以培养的。没有兴趣的，经过努力学习，不断积累知识，也可以变成有兴趣。但是，不顾学习本身的特点，一味追求趣味，想把学习的一切都兴趣化，是不可能的，也是不应该的。学习是一种艰苦的劳动，兴趣能帮助我们更好地学习，但是不能代替艰苦的劳动。学习中必然会有一些枯燥的东西，只要我们对于学习目的是有兴趣的，那么，当我们为实现学习目的而去完成那些枯燥的工作时也会有一种间接的兴趣。

三、爱心的升华——良好情感的形成

爱国志士秋瑾女士说过："芸芸众生，孰不爱生？爱生之极，进而爱群。"高尚情感的形成，就是由爱生活、爱亲人、爱自我、爱学校到爱祖国、爱人民、爱事业的过程。

培养良好的情感，首先，要从培育爱心做起。由于有了崇高的爱，我们才能做到"富贵不能淫，贫贱不能移，威武不能屈"，敢于同各种不良倾向做斗争，使自己在学习、工作、生活中保持清醒的头脑。其次，要加强情绪的自我调控，不断实现情感的自我优化。保持精神振奋、乐观开朗的情绪，要善于化解因突然事变、突然打击所引发的冲动。化解不良情绪有很多办法，如自我转移法，使自己的活动和注意力暂时离开引起情绪的环境，同引

发冲动的事物拉开距离；自我暗示法，当过分激动、恐慌时，用简洁的语言暗示自己"冷静""镇定"；逐步适应法，怕考试的人，可经常参加一些不十分紧张的考试，慢慢就会消除惧怕考试的情绪；宣泄法，过度悲痛时，可放声痛哭，深受压抑时，可找朋友敞开心胸，抒发胸臆；自我安慰法，工作失败时，可为自己找些失败的客观理由，借以安慰自己，先使自己冷静下来，然后再总结主观上的原因等。所有方法中最重要的是要加强同外界的交往，切不可把自己封闭起来，要通过与外界交流信息，调节情绪和情感，把情绪、情感控制在正常状态。最后，培养良好的情感，一定要丰富自己的生活内容，除了学习功课外，还要积极参加各种文娱、体育活动和其他有益于身心健康的活动。

四、经历挫折——良好意志的形成

孟子说："天将降大任于斯人也，必先苦其心志，劳其筋骨，饿其体肤，空乏其身，行拂乱其所为，所以动心忍性，曾益其所不能。"司马迁在《史记》中写道："文王拘而演周易；仲尼厄而作春秋；屈原放逐，乃赋离骚；左丘失明，厥有国语；孙子膑脚，兵法修列；不韦迁蜀，世传吕览；韩非囚秦，说难孤愤；诗三百篇，大抵圣贤发愤之所作也。"这是说任何人要想获得学业和事业上的成功，都要经受种种困难、挫折。古希腊南德在《残篇集中》写道："谁有经历千辛万苦的意志，谁就能达到任何目的。"意志既是人在实现目的过程中克服困难的动力，又是在不断克服困难、实现目标的过程中形成的。培养经受挫折的能力是良好意志品质形成的重要途径。比尔·盖茨在短短的十几年里，取得了使人惊诧的巨大成功，靠的是什么？《比尔·盖茨》一书作者罗伯特·海勒认为，他靠的是"即使身处危机之中，也可以找到无穷的灵感"。在激烈的商战中，比尔·盖茨以坚韧不拔、遇事果断、乐观向上的良好意志品质让人称道。他要求他的员工学会从失败中吸取教训。他每年都要组织编发一份题目为《微软十大失误》的备忘录，以此警告"微软人"不要在失误的泥坑中越陷越深。"微软自身的失败从来都不会被抛在脑后，而是贮藏起来作为智能资本的一部分。"

人的意志是在学习和实践中逐步培养起来的。俄国作家列夫·托尔斯泰青年时一度生活放荡，不好好读书，考试不及格，结果降了级。但不久他醒悟了，对自己十分不满，他把自己错误的原因详细地找出来，写在日记本上，共有八条：①缺乏刚毅力；②自己欺骗自己；③有少年轻浮之风；④不谦逊；⑤脾气太躁；⑥生活太放纵；⑦模仿性太强；⑧缺乏反省。为了磨炼自己的意志，改掉这些缺点，他跟着哥哥到炮兵部队服役。生活没有辜负他的努力，他成功了，改掉了毛病，并走上决定自己一生命运的文学创作道路。比尔·盖茨和列夫·托尔斯泰的经历给我们的启示是：

第一，在学习、工作和生活的道路上遇到挫折时，不能自暴自弃，要有自信心，要看到希望。

第二，要正视困难和问题，冷静分析存在的问题，用行动去战胜困难、挫折和失败。

第三，要把挫折和教训"作为自己智能资本的一部分"，这是培养意志品质的最好方法。

五、从小事做起——良好性格的形成

性格是各种非智力因素的综合表现。古希腊赫拉克利特在《著作残篇》中说："性格就是命运""人的性格就是他的守护神"。在非智力因素中，性格是最稳定的个性心理特征，它对学习的影响广泛、持久、强烈。性格虽然与先天气质有关，但主要是后天形成的。大学阶段是大学生性格由不成熟转向成熟的时期，因此，加强良好性格的培养非常重要。恩格斯说："人物的性格不仅表现在做什么，而且表现在他怎样做。"做什么，反映对人、对己和对事的态度，如自信与自卑、谦虚与骄傲、无私与自私、勤奋与懒惰、认真与马虎、稳重与冒失等；怎样做，反映行为的方式，如主动与被动、敏捷与迟钝、温和与暴躁、克制与冲动、自觉与盲目、坚强与软弱等。一个人的性格具有多样性，甚至同一个人往往会有相互矛盾的性格特征。性格是不断变化和发展的。没有人完美地具备所有优良的性格特征。良好性格的形成是长期的，同时，影响性格形成的条件是复杂的。培养良好的性格品质需要注意：

第一，从点滴小事做起，从今日做起。"天下之难事必作于易，天下之大事必作于细"，要积极投身社会生活实践。只有千百次的反复实践，那些被检验为正确的态度和行为方式才能在心理上烙上深深的痕迹，形成定式，形成习惯，形成性格。

第二，努力学习，提高思想、道德和文化素质，要以科学的理论武装自己，以高尚的道德熏陶自己，以优秀的文化感染自己，使自己变得更加理智。这也是良好性格形成的重要条件。

第三，效法先贤，模仿榜样，加强自省，重视自我评价，对性格的形成也有重要作用。

第四，要特别重视环境和交友对性格的潜移默化作用。"近朱者赤，近墨者黑"，孟子的母亲为了选择教育儿子的环境，曾三次搬家，说明古人很重视环境对培养人的意义。作为现今的大学生一定要自觉抵制社会不良风气的影响，不要随波逐流，同时，结交朋友要慎重。俄国作家莫里哀说："友谊的结合是要经过考虑与选择才能生长出来的。"一个人能结交一些志同道合的知心朋友是好事，"人生最美好的东西，就是他同别人的友谊。"（林肯语）但是，因为交了不好的朋友而染上坏习惯，形成坏性格，甚至走上犯罪道路的人生也不少见。

六、个性的养成——个性化学习的发扬

第一，多到图书馆进行学习或者进行在线学习。学校每学期应对学生的借书情况进行调查，了解学生的借阅情况，根据反馈的信息添置新书，满足学生的需要，有些热门图书可根据情况增加藏书的数量，尽量使学生能读到自己想读的书。此外，学校应多开辟电子阅览室，学生可以借助网络平台，浏览或下载自己需要的电子书，这样既可以弥补图书馆

纸质资源的不足，也扩展了学生阅读、学习的途径，充分发挥了网络资源的积极作用，为学生个性化学习提供了方便快捷的通道，可在一定程度上激发大学生的个性化学习热情。

第二，选择自己的学习。教学过程中，需要学生学习选择的观念，让学生能根据学习兴趣和学习需要来选择自己的学习。因此，教师不能总是忽视学生的选择性学习，而是需要关注学生的个体差异性进行选择学习；形成学生学习选择的习惯。选择习惯不是一天两天就能培养出来的，因此，教师需要在长期的课堂教学中去形成学生的学习选择习惯；引导学生进行学习选择。教师需要引导学生进行学习的选择，在学习目标、学习内容、学习方法、学习合作对象、学习成果表达，都需要加强培养。例如，在语文阅读教学过程中，学生根据自己的兴趣和个性倾向进行思维导图，有的学生画成这样的图，有的画成那样的图，从而突出学生的学习选择性；设计具有选择性的学习材料，让学生进行选择。在课堂教学中，根据学生的认知图式和思维方式的差异性，设计学习材料。

第三，构建自己的个性化学习环境。关于个人学习环境，比较宽泛且广为接受的是Stephen 的定义，他认为，"个人学习环境是一种工具、服务、人和资源的松散集合体，是利用网络力量的一种新方式。"个人学习环境是一种能帮助学习者控制和管理自己的学习的系统，包括学习者建立他们自己的学习目标、管理他们的学习（管理内容和过程）、在学习过程中与他人的交流。个人学习环境是内容、服务组织在一起的集合，它是帮助学习者聚集、组织、加工和处理学习资源的工具的集合。另外，有的观点认为个人学习环境能使学习者在学习中自我引导，支持个人和专业发展，是各种应用和服务的混合体等。

第六章 大学生学习的潜能开发与自信心提升

第一节 大学生学习的潜能开发

潜能就是潜在的能量，正常情境下并不显现出来，只有在一些特殊的情境下才会被激发出来，比如说，有人在逃命时能跨越 4 米宽的悬崖，这是平时不可能跨越的宽度。潜能来源于潜意识，从某种意义上说，潜能就是潜意识。开发潜能的力量，就是诱发潜意识的力量。潜意识是相对于意识而存在的，又称"右脑意识""宇宙意识""祖先脑"。潜意识，就是人类原本具备却忘了使用的能力，这种能力被称为"潜力"，也就是存在但却未被开发与利用的能力。潜能的动力深藏在我们的深层潜意识当中。

英国学者托尼·巴赞认为，人类需要认识和开发以下九大潜能：①感觉潜能；②表达潜能；③身心潜能；④空间潜能；⑤计算潜能；⑥精神潜能；⑦自我认识潜能；⑧社会潜能；⑨创造潜能。

美国知名学者奥图博士说："人脑好像一个沉睡的巨人，我们均只用了不到 1% 的大脑潜力。"如果人类发挥出其一小半潜能，就可以轻易学会 40 种语言，记忆整套百科全书，获 12 个博士学位。所以，如果我们可以把我们的潜能开发出来，我们的学习将不再是难题。

一、大学生潜能开发的三个层次

尚在求学阶段的大学生潜能开发有三个层次。

第一，调动起学习的积极性，发挥潜能，完成学习任务。

第二，在完成学习任务的过程中，认识自我，认识客观世界，增长才干。

第三，明白"教师的教是为了不需要教"，进入"自奋其力，自致其知"的境界。

达到第三个层次的同学，学习知识、能力提高的效率明显提高，创造性思维活动增强，产生浓厚的解决实际问题或探索科学规律的兴趣，灵感增多，主动克服困难、完成学习任务，创造性人格也得到发展。

二、大学生潜能开发的三要素

怎样发掘潜力？专家认为，要想达到身体健康的极限，必须具备良好的心理素质。稳定的人格、没有偏激与猜疑、拥有积极向上的生活和心态等，都是开发人体潜在力量的前提。只有积极开发人的心理潜能，才能带动生理潜能的共同开发。潜能开发的三要素如下。

（一）高度的自信

如果你够自信，心底就会油然而生起一股激情，会有一种灵感四溢的感觉，做起事来也会有事半功倍的效果；而相反，如果你不够自信，内心的胆怯会阻碍你大脑的正常运作，从而会影响你的做事效率。学习也是如此。所以，对待学习，自信一点吧！信心是潜意识能量的精髓、灵魂，没有信心，将一事无成。

（二）强烈的愿望

当人强烈渴望某个事物，特别是当这种渴望已深入影响到潜意识时，他便会求助于潜意识中的意志和智慧的潜在力量，这些力量在愿望的推动和刺激下，会表现出不同寻常的超人力量。

（三）坚定的意志

坚定的意志是一个人能成功的关键因素，意志与我们的潜意识有着非常密切的关系。只有当你拥有非常坚定的意志时，在强烈的愿望的作用下，才会有不达目的誓不罢休的气魄，才会最终取得成功。

三、大学生潜能开发的常见方法

（一）强度攻击法

这是国外潜能研究者提出的一种寻找特长潜能及其灵敏点的方法。具体做法是，小组成员将自己的名字写在纸条上，置于容器内，然后以随机的方式抽出一个名字，被抽中的人就成了被攻击的靶子。他先将自己的性格特点及能力一一列举出来，然后问其他人："你们认为我还有什么长处？还有什么能力没有发挥？"大家便根据这个人的人格、实际具有的能力，以及他为何没有充分发挥这些能力的原因攻击他。结果发现，别人比自己更了解自己的能力，也更了解自己没有充分发挥能力的理由。攻击接近尾声时，大家还要对下面的问题做延伸性想象："假定从现在起，这个人能够将我们所发现的潜能完全发挥，5年后将是怎样的光景呢？"这种方法，既可以发现人的多种潜能，也能发现人的特长潜能及其灵敏点。

（二）体验高峰经验

每个人在他的一生中都有成功的喜悦，那成功便是潜能开发的最佳状态，那喜悦被人们称为高峰经验。心理学家马斯洛将高峰经验定义为生活中最奇妙的时刻，也就是生活中最快乐、最欣喜的时刻。体验高峰经验就是重温成功的喜悦，以激发潜能，完成被认为完不成的任务，攀登无法攀登的高峰。高峰经验的体验就是唤起沉睡的潜能，开发沉睡的潜能。一次成功，可以带来以后的无数次成功，这就要珍惜第一次成功，自觉地运用体验高峰经验的潜能开发方法。

（三）放松和静思

这是容易被人们忽视的开发潜能的最佳方法之一。人们总以为，只有在紧张的劳动中，才能发挥潜能，其实，研究中外人才史可以发现，灵感的产生不是在紧张的劳动之中，而是在紧张劳动过后的放松情绪之时。

（四）保持健康的心理

良好的心态既是潜能开发的前提和保证，又是一种重要的方法。开发潜能，离不开一个健康的心理、良好的心态，没有它，创造思维就不活跃，想象、直觉、联想就不丰富，就难以进行创造性的劳动。

四、大学生潜能开发的策略

我们必须要保持良好的心理健康状况，这是开发智力潜能最基本的条件。当我们同时具备了上述三个要素之后，还要运用具体可操作的指导来帮助我们实现潜能的开发。

（一）确定目标，立即行动

你的行动反映你的信念，你所做的事情表明你的信仰。在开始的时候，你或许不是很勇敢，也不是很自信。然而，只要你连续不断地努力，你必将会产生那种感觉并变得自信。随着你知识的增多与能力的提升，你的自信心会随之增强的。

（二）客观评价，挖掘潜力

客观地认识自己、评价自己、分析自己。比如，每个人的英语水平各有不同，同学们都应当客观地评价自己的英语水平，了解自己英语到底是哪个地方有欠缺，然后有针对性地进行补习。潜能是无限的，我们自身的缺点制约了我们自身潜能的开发。明确了自己的优缺点之后，潜能的开发便有针对性，行动就有方向性。

（三）相互督促，共同进步

当你认真学习的时候，你需要一个良好的环境；当你融入一个良好的环境时，坚持到底就不是很难的事了。一个人很难坚持到底，两个、三个或者很多人共同坚持时，彼此之间便形成一种坚持的习惯。每个人都需要有人相信他们，而那些与你关系最为密切的人可能不是最佳的人选，关键是你找到合适的人。因此，应该选择与自己目标一致的同学结成学习伙伴，相互督促、共同进步。

（四）坚定信念，避免盲从

大学里，能否掌握知识，真正起作用的是我们大学生自己。你坚信自己能行，你就一定能行。不要人云亦云，不要盲目服从一切指示。当一个梦想与你的目标达成一致时，并激发你的热情，启发你去计划、去坚持，直至你能实现它时，这个梦想就不是不现实的了。不要盲目追随一切指示，要明白当前最重要的是什么！

第二节　大学生学习的自信心提升

自信代表着一种优秀的心理品质和积极的人生态度。它是一种无形的力量，时刻在充实和完善着自我和人生。自信的人相信自己，相信自己的能力，也相信自己的价值，因而凡事尽力争取，有一种"当仁不让"的主动精神。自信的大学生表现出活泼、开放、幽默、果断等特点。每个大学生都渴望变得更加自信，都想提升自己学习的自信心。

一、自信心的三个层面

自信是一种心态，是对自己能力、非能力和潜能力的信任。

（一）对自己能力的信任

自己能做的事，就相信自己能做，勇于将自己的能力体现出来，不惧人言。这种自信，是保证将自己的能力充分发挥的前提，是自信的第一个层次。如果你拥有自信，又没有任何外界影响，那么你所体现出来的，就是做你能力范围内的事。

（二）对自己非能力的信任

自己不能做的事，就是不能做，坦然处之，而不会觉得低人一等，更不会影响自己对有能力事情的自信。你是围棋高手，没有必要因为象棋不行而自卑。人无完人，每个人都有自己不能做的事，而人又是社会的，总会有人对你的非能力之事做出各种评价，甚至是诋毁。这时人往往会受到打击，会由于对自己非能力的不自信，而导致对自己能力的不自信，认为自己窝囊，什么事情都不行，我们要有意识地避免这种晕轮效应的发生。

一件事的成功，往往需要很多因素。而事实上你只要具备做好关键性因素的能力，就可能获得成功，而你在非关键性因素上的非能力，并不会影响成功。但往往在外界影响下，有的人会因为对非能力的不自信而导致对整个事情的不自信，从而导致失败。

对非能力自信，是能力自信的保证，你如果既有了能力自信，也有了非能力自信，就会在外界的影响下充分展示自己的能力。

（三）对自己潜能力的信任

对自己潜能力的信任，就是相信自己可以在面对困难与挑战的时候，将自己最大的潜能释放出来，相信自己可以在理想和兴趣的引导下坚定不移地走向成功。人有着很大的潜在能力，你本身具备的能力可能并未被你所认识，有些事你可能没有能力做，但你必须做，如背水一战的关键时刻，你必须相信自己能做到，这就是对自己潜能力的自信。

人的潜能无穷。面对一个目标，我们需要考虑的不是"能不能"做到，而是"要不要"做到，换言之是不是一定要做到。相信自己，放手去做，全力以赴，别管"能不能"，才能最大限度地释放自己的潜能力。

相信自己有本事去做事而心安理得、心平气和叫自信；相信自己没本事而不去做事，不做仍然心安理得，也是自信。所以，自信者都有一个良好的心态，对能做的事情相信能够做好，对不能做的事情坦然处之，或学习去做它，对不确定是否能做的事勇于尝试。

二、自信是潜能的"放大镜"

一个人自身所具有的潜能和他在学习、工作、生活中表现出来的能力并不总是 1 ∶ 1 的关系。许多人屡屡在学业和事业上遭遇挫折，他们习惯性地把挫折归结为自身潜质的不足。其实，即便在这些经常灰心丧气的人身上，也往往蕴藏着巨大的、超出常人想象的潜能——只不过，潜能的主人并没有意识到，或者意识到了，却不知该如何释放这些能量罢了。相反，那些特别乐观、特别自信的人总能不断地从自己身上找到前进的动力，总能设法让自己身体里的潜能超水平地发挥和释放出来。

如果我们能多给自己一点信心、勇气、干劲，多一分胆略和毅力，就有可能使自己身上处于休眠状态的潜能发挥出来，创造出连自己都吃惊的成功来。

如果我们不能意识到自身巨大的潜能，或者不善于将潜能释放出来，我们就好像故意在自己的潜能面前放置了一个凹透镜，潜能在凹透镜里的"成像"（也就是我们表现出来的能力）被物理学中最基本的光线折射原理"缩小"了；反之，如果善于发现并释放自己的潜能，我们就有可能突破自己的能力极限，获得巨大的、甚至连自己都无法想象的成功——这种效应就像在自己的潜能面前放置了一个凸透镜一样。

因此，每一个追求成功的人都会设法为自己寻找一个可以放大潜能的凸透镜。而无论从哪种意义上说，"自信"都是最好的潜能"放大镜"之一。

三、自信是成功的关键

马克思说过：客观世界是普遍联系的。我是否自信和别人的看法有紧密的关系，而别人对我的看法又会影响我的自信，所以我想我应该从自我做起，给别人信心，也给自己信心。只有这样我才能重新自信满满，才可能走向成功。

自信对每个人都非常重要。无论面临的是学习的压力还是工作的挑战，无论身处的是顺境还是逆境，自信都可以用它神奇的放大效应为我们的表现加分。因此，一个充满自信的人总会在面对挑战时鼓励自己："嘿！我能行，我一定行的！"

更进一步地说，自信就是相信自己能够成功，并因此形成坦然面对一切艰难险阻的心理状态。自信是对自身能力的正面评估，是一种健康、积极的个人品质。自信的人敢于尝试新的领域，能更快地发现和发展自己的兴趣或才华，也更容易获得真正意义上的成功；

自信的人更快乐，因为他不会时刻担心或提防失败。自信才能有主见，才能做出他人从未做过的事情。自信的人每取得一点胜利，就会有一种非凡的成就感，即便遇到挫折，自信的人也能从经验教训中获取继续前行的勇气。此外，根据同理心的反射理论，自信的人会因为自信而信任他人，他们重诺守约，善于在团队合作中发挥自我的价值。就像西方一句名言所说的那样："成功与否并不取决于我们是谁，而是取决于我们如何看待自己。"

四、自信的获得

命运既然让我们降生在这个世界上，就平等地赋予我们每个人这样或那样的优点和缺点。作为一个富有个性和追求快乐的人，关键在于不要随波逐流，总是羡慕他人如何优秀，而应该保持自己的本色，依照自己的条件去充分发挥，这样我们不但可以摆脱自卑的阴影，而且会享受到许多从未想过的幸福，让自己变得越来越自信，使自己的生活变得越来越成功。

从自卑走到自信，需要打破已有的恶性循环，消除对失败的恐惧，摒弃消极悲观的态度，并从现在开始培养积极乐观的思维方式。

获取自信可以采取李开复（见人物介绍）提出的以下六个步骤。

（一）尊重自己，鼓励自己

李开复说："在批评中长大的孩子最容易自卑；在嘲笑中长大的孩子最容易怯懦；在鼓励中长大的孩子最有自信；在称赞中长大的孩子最懂得宽容……"

的确，鼓励和称赞对于年轻人来说永远都是最好的动力。但从另一方面看，来自家长和教师的鼓励固然非常重要，可自信的关键在于"自己"，如果自己总认为自己不行，总是不给自己"打气"，那么，无论其他人怎样鼓励，也无法得到真正的自信。

因此，自信的第一个秘密就是永远想象自己有足够的潜能，并因此尊重和鼓励自己。

如果能用尊重自己的态度努力发现和发挥这些潜能，每个人都可以取得成功。

（二）赞美自己，从潜意识做起

自信是一种感觉，你不可能用背书的方法"学习"自信，只能靠"学习"来提升自信。具体的做法是。

用具体的事例反复"训练"你的大脑，经过潜意识的每一次思维，告诉自己你是值得信任的，你应当为自己自豪，你必须成为自己最好的啦啦队。

第一，每天告诉自己一次："我真的很不错！"每晚入睡前，不妨想一想今天发生了什么值得自豪的事情：得到了好成绩吗？帮助了别人吗？有什么事情超出了自己的期望值吗？有谁夸奖了自己吗？每个人每天都可以找到一件或几件成功的事情，像这样坚持下去，慢慢地你就会发现，这些"小成功"会变得越来越有意义。

第二，改变说话的习惯。除了在心里夸奖自己以外，也要尝试让自己的言语充满自信。因为你讲的每一个字都会在不知不觉中影响着你的潜意识。如果一个人的每句话都带着消极、失望的情绪，那么他肯定会越来越自卑。改变说话的习惯可以帮助你获取足够的自信。因此，在面对困难时，不要说"我做不到某件事"，而要说："到现在为止，我尚未做到这件事"；"我只要……就能做到这件事"；"为了做到这件事，我要努力做好……""我做不到"意味着消极和放弃。要把这消极的处世哲学转换成为积极的、主动的态度，因为每个积极的人都有选择的权利，都可以为自己带来足够的自信。

例如，对于英语成绩不好的大学生来说，假如总是对自己说"我学不好英语"，那么，在潜意识里已经把自己当作了失败者，这样想是永远无法取得突破的。类似的负面语词会逐渐让大脑感觉到："在英语学习方面，我根本不行。"

显然，这种态度只会让自己愈发悲观，不会对英语学习提供任何帮助。好的做法是，告诉自己"我只是到现在为止，尚未学好英语罢了"，"尚未"虽然不是正面的、积极的语词，但是，"到现在为止"却表明自己在不远的将来还有改进、提高的机会。

更好的做法是，告诉自己"我只要每天努力学习一小时，就能学好英语"，或者"我只要在英语补习班上勤奋、积极，就能学好英语"。这样鼓励自己的话显然更为有效，会督促着自己认真地将计划付诸实施。

因此，"我能……"才是最正面、最积极、最能提升自信的一句话。

（三）用言行激发自信

有一位同学问李开复："我是一个很容易受别人影响的人，因此也很在意别人对自己说三道四，似乎别人对某件事的看法会在很大程度上影响我，这让我困惑不已。我想做一个更有自信、更有想法的人，但是，我周围的人让我越来越自卑。"

李开复是这么回答的："美国总统罗斯福的夫人艾莉诺·罗斯福说过：'没有你的同意，谁都无法使你自卑。'自信是一个循环。如果你表现出足够的自信，别人就会认同你的自信，你就会因此而越来越自信。"

容易受别人影响的大学生要勇于表达自己，并善于用自己的言行增强自信心。大家不妨试一试下面这四种训练方法。

1. 正确对待别人的看法

不能因为在乎别人的意见而失去了自己的想法和主见。自信源于自我认同，如果一切都以别人的意见为准，就会失去真正的自我，并会因此而失去自信。做事情时不一定要严格区分什么是别人的想法、什么是自己的想法——只要是你认可的想法，就是你自己的想法。要更客观、更理智地看问题，不要未经判断就盲目接受他人的立场。要知道，对特定的事物，每一个人的看法可能都不尽相同，自己完全有能力、也有机会表达自己的意见。

2. 有自己的想法和主见

理解自己的原则，明白什么是不可放弃的，什么是必须坚持的。在与人交换意见的过程中，绝对不可以在原则上让步、不可以随便同意不符合自己原则的事。当觉得自己对某件事可以"不在乎原则"的时候，那也许正是开始逐渐丧失自我、丧失自信的时候。

3.勇于自我表现

自己有想法的时候一定要表达出来，不要闷在肚子里。自我表现是对自己最好的鼓励，也是培养自信的必经之路。在很多情况下，自信心是要通过自我表现才能不断加强的。只有将自己的能力、自己的见解充分展示出来，才能真正看到自己对他人的影响力，才能从这种影响力中获取足够的自信。

4.学习自信的表达方式

在表现自我的时候要注意表达的方式、方法。一个有自信的人和一个没有自信的人说起话来是大不一样的，明眼人只要两秒钟就可以看出他们之间的差异。一般说来，一个有自信的人总会在表达和沟通时注意以下几点。

第一，多用有魄力的语词，如"我认为""我希望""我要求""我决定"等。

第二，讲话清晰，声音中气十足，善于用语调、音量、停顿来强调话语里的重点信息。

第三，主动和对方进行眼神交流，向对方传达"我对自己充满自信"的信息。

第四，坚持真理，不随意接受别人的意见。

第五，表述时不让他人随意打断。

第六，对听众足够尊重，不担心听众不尊重自己。

第七，拒绝沉默，主动表达自己的想法。

第八，在表达和沟通之前做好充分的准备，如必要的演练等。

第九，表达时尽量简明扼要，让听众在最短时间内获得最重要的信息。

（四）从成功里获得自信，从失败里增加自觉

一个自信和自觉的人，能勇敢地尝试新的事物，并有毅力把它做好，会从成功里获得自信，从失败里增加自觉。

你能学会你想学会的任何东西——这不是能不能学会的问题，而是想不想学的问题。如果对某件事有强烈的欲望，就会在做这件事的时候具备坚韧不拔的精神，就能用自信克服前进道路上的所有困难。

另外，在追求成功的时候，也不要成为自傲、自负的人。自信的态度与自我偏执、不允许自己犯错、以自我为中心、失去客观立场等做法是绝不能画等号的。

带有自傲倾向的自信或是不自觉的自信甚至比不自信更加危险。在有勇气尝试新事物的同时，也必须有勇气面对失败。当你畏惧失败时，不妨仔细想一想，你最怕失去什么？如果失败，最坏的下场是什么？这样的下场是你不能接受的吗？

自觉的人会从失败中学习，认识到自己不适合做什么事情，并以此提升自己的自觉。因此，不要畏惧失败，只要曾经尽了力，只要愿意向自己的极限挑战，就应为自己的勇气而自豪。

唯有自觉的人才能真正获取积极、健康的自信。有自觉的人不会过度地自我批评，也不会盲目地乐观，他们能客观地评估自己。所以，会坦诚地面对自己的能力极限，不会轻

易地接受自己能力范围外的工作，不会对自己设定不合理的目标。当然，他们仍乐于接受挑战，但会在接受挑战时做客观的风险评估。

自觉的人不但对自己坦诚，对他人也坦诚。坦诚地面对失败会得到别人的信赖，因为对方知道你已经接受了教训。坦诚地面对自己的缺点也会得到别人的尊敬，因为对方知道你不会不自量力。所以，自觉的人更容易成功，也更容易获得自信。

（五）制订具体目标，由自觉达到自信

培养自信时，一方面要基于自觉的态度，另一方面也要设定具体的目标，并据此一步步向目标迈进。与制订人生目标和工作目标相仿，这些目标也必须是可衡量的。

除了可衡量的目标外，培养自信的目标也一定要有可行性。结合自身实际制订的目标，成功的可能性大，也容易引发良性的循环；不符合实际的目标容易造成失败和沮丧，并进而引发恶性的循环。

有相当多的学生提出过以下类似的问题：

"我找不到工作，谁可以借我 100 万元，用来创业呢？""我要成为钱学森第二！""我虽然高考失利，没考上大学，但我的目标锁定了清华大学，明年重考一定要考上。"

会制订这些目标的学生的心态普遍比较浮躁，他们的自信也不太符合实际。也许，这种浮躁的心态与中国普遍存在的一元化成功的思维有关，也与中国根深蒂固的望子成龙、望女成凤的传统观念有关。很多时候，父母亲将自己争取不到的社会地位、实现不了的理想寄托在孩子身上，希望孩子代他们实现。太多的孩子生活在这种巨大的压力之中。在他们的成长过程里，父母总要求他们制订最高的目标，却很少考虑他们是否具备这样的能力、是否有信心去面对这么多的困难和期望。如果平时没有涪养孩子的自信心，当困难来临时，他们就会因为惧怕失败而陷入恶性循环之中。因此，对孩子提出不切实际的要求，并不是在帮助孩子，而是害了孩子。

对自己的要求也是一样：许多时候，失望的最大原因就是期望太高。因此，无论制订的是哪一类的目标，都必须从实际出发，从正确的自我认识和自我评价出发。

自觉的人不但能公正地评价自己，还会主动要求周围的人给自己提供批评和反馈意见。他们明白，虽然自己具备了自觉的能力，但别人眼中的自己也很重要。一方面，别人眼中的自己更为客观；另一方面，别人眼中的自己才是真正存在的自己，所以会虚心地理解和接受别人的想法。在很多方面，都可以斟酌使用别人的反馈作为自己的最终目标。

一般说来，获得坦诚的反馈（特别是负面的回馈）并不容易。所以，最好能有一些坦诚的知心朋友，他们愿意在私下里对你说真心话。当然，不能对负面的反馈有任何不满，否则以后就听不到真心话了。

所以说，有自觉的人善于为自己制订现实的目标，客观地衡量自己并会请他人帮助评估，这样的人能持续提升自己的自信，也能避免这种自信发展为自傲或自负。

重视或采纳他人的反馈意见，并不意味着你要依赖别人，因为最后的选择还是要由你

自己决定。一个过分依赖别人的人无异于在向他人表明："你的看法比我对自己的看法更加重要。"一旦持有这样的态度，还怎么能够培养出正确、健康的自信心呢？

当你听取他人的反馈意见时，应当客观地评估、采纳其中可行性较高的建议或目标。但同时也要努力培养自觉和自信，不要一听到别人的赞许就飘飘然地开始走向自负，更不要因别人的批评而陷入自卑。当你认识到自身的价值并做了最终决定之后，即便有人反对，你也不必在意——你就是你自己，你的自信可以帮助你发挥优势，释放潜能。

（六）发挥优势，放飞自我

培养自信的关键在于认识并发掘自身的优势，从某种意义上说，这比弥补自身的劣势更重要。许多年轻人缺乏自信的原因是，以往的教育总强调人的成长是不断克服缺点的过程，中国的家长和教师更喜欢批评而不是鼓励学生。在这样的教育环境中，许多学生逐渐相信了家长和教师在批评自己时使用的说法，并慢慢认为自己脑筋迟钝、无可救药，自信因此而从成千上万名资质甚佳的学生身边悄悄溜走了。所以，中国的青年一代更需要在自信的指引下，仔细而全面地寻找自身的优势。只有这样，才能找到真正的自我。

美国的一本畅销书——《现在，发现你的优势》中指出：大部分人在成长过程中都试着"改变自己的缺点，希望把缺点变为优点"，但却碰到了更多的困难和痛苦；而少数最快乐、最成功的人的秘诀是"加强自己的优点并管理自己的缺点"。所谓"管理自己的缺点"，就是在不足的地方做到足够好而不是放弃努力；"加强自己的优点"，就是把大部分精力花在自己有兴趣的事情上，让自己有最大的机会得到最好的结果，从而培养自信、走向成功。

自信是自身潜能的"放大镜"，自信也是发挥自身优势的"催化剂"。希望大学生们都能在认识自己、鼓励自己的基础上，将自卑、自怨的心理阴影抛到九霄云外；并能由此进入一个良性的心理循环——在自信中品味成功，在成功中享受快乐，在快乐中放飞自我。

五、培养自信心的十八种方法

（一）一鼓作气

有些人做事喜欢慢工出细活，而有些人则非得要用一鼓作气的做事方法不行，因为只要一中断，可能就没下文了。

如果你是缺乏自信的人，那么你最好选用一鼓作气的做事方式，那会让你的做事效率提高许多，对于自信心的养成也较有帮助，否则你可能会一直迷失在一事无成的消极情绪中。譬如说确定了某一个目标之后，就立刻去执行它；想到要做一件事，就不要拖拖拉拉、犹豫不决；已经开了头的事情，就一口气把它做完，千万别边玩边做，避免不了了之。等到习惯成自然之后，你就会发现原来自己也是一个可以做很多事情的人，不知不觉中就培养了自信，鱼与熊掌都能兼得。

（二）未雨绸缪

有很多失去自信的人，并不是因为本身的条件比别人差，或是际遇比别人坎坷，而是因为他们都没有未雨绸缪的心理准备，一旦碰到较棘手的问题时，即无力招架，从此失去自信心。

做事应该未雨绸缪，居安思危，这样在危险突然降临时，才不至于手忙脚乱。"书到用时方恨少"，平常若不充实学问，临时抱佛脚是来不及的。也有人抱怨没有机会，然而当机会来临时，却又哀叹自己平时没有积蓄足够的学识与能力，以致不能胜任，也只好后悔莫及。

作为学生，教师交代的作业，如果能在假期一开始的时候妥善规划完成的进度，就不会在假期结束之前手忙脚乱，最后只好草率交差；教师所指定的考试，若能提早准备，就不用临时抱佛脚，导致名落孙山。

当你的角色是一个上班族，平时就应该多充实自己的专业知识、增长见闻、培养人际关系，而不是计较工作量的多寡、嫉妒表现优异的同事。力气和时间用错地方，只会让自己陷入一种不能自拔的恶性循环之中。

无论你现在正扮演着什么角色，多听、多看、多学，你的自信心就会从心底应运而生。

（三）具有行动力

具有行动力的人，90%以上都是对自己有信心的人。某些人能说出一套令天地都动容的大道理，但却始终没有做出什么令人佩服的事情，像这种没有行动的人，即使外在表现得多么不可一世，其实骨子里的担心、害怕比谁都要严重。

运用"行动力"的优势，创造美好生活的方式有两种：一种是因为有了十足的自信，所以有敏锐的思维，能够做出正确的判断，以实际的行动力完成任务。另一种则是因为有了身体力行的行动力，所以产生自信和经验，知道自己下次怎么做会更好，不断朝美丽的未来迈进。无论是先有自信，再以行动力实践目标，还是先有行动力，再产生自信，"行动力"可说是"自信"的好朋友。

能够真正在沙场上带兵作战且屡建功绩的人，要他说出一套精辟的兵法，绝对不是一件难事，但是，要让一个只会纸上谈兵的人征战沙场，就等于是要他直接送死。

"说"和"做"之间不会是必然的等号，而且往往"说"的准确性会小于"做"，因为实际的行动才是最万无一失的，在行动的过程中你会发现自己疏忽了什么，多虑了什么，有哪些外来的干扰因素以及必要的、意外事件的预防与危机处理。

有勇气以实际行动去冒险的人，必然对自己有几成的把握；有勇气以实际行动去面对困境的人，必然对自己有充分的信心。

（四）充实知识

从小，父母和教师对我们最常耳提面命的一句话就是：要好好读书，多充实知识，将来做一个有用的人。可见在这些过来人的心中，成为有学问的人是一件多么重要的事。或许，在懵懂无知的岁月里，我们每次听到长辈说这句话时，总是嘴里说："我知道！"其实根本是左耳进、右耳出，在心上没留下半点痕迹。等到长大之后，自己开始面对无情的生命考验、各种险恶的环境，跌跌撞撞地一路走来，才真正懂得学问对一个人来说是多么重要。

每年或每隔一段时间，就会有某些调查中心提出调查报告，例如"全国最受年轻人崇拜的企业家""全世界最受欢迎的名人"等，而往往能够在这些调查之中榜上有名的人，必然都是学识涵养丰富、表现成熟稳重、对人类有所贡献、值得大家学习的典范。这些人所擅长的领域不同，但却有一个共同点，就是他们皆是好学之人，无所谓年龄的高低、性别的差异、出身背景的好坏，学习是他们成功的关键，也是他们终其一生的目标。

因为学习，所以得到知识；因为得到知识，所以更有智慧；因为更有智慧，所以能够表现出不畏惧困难的自信。这是一个完美的人生过程，只要你多用一点心就能拥有。

（五）抽离

当问题已经形成、困境已经产生的时候，一味地自责和埋怨是于事无补的，可是深陷在负面的情绪中又是人之常情，怎么办呢？这时候，懂得抽离的人就是赢家。

所谓的抽离，就是想办法从那个令你沮丧、茫然、混沌的情境之中跳开，把原来以为已经绝望的感觉借由时空的转换，提升成理智的自信。

在爱情里，若遇上失恋时，大部分的人都会把自己深埋在痛苦的思绪之中，老是想着"对方为什么要抛弃我？""为什么别人的恋情都是甜蜜的，只有自己是悲苦的？""为什么自己真心地付出，却换不到一段真挚的爱情？"无时无刻在问为什么，却又始终找不出合理的解释和满意的答案，从此之后对感情心生畏惧，总有一朝被蛇咬、十年怕井绳的心理。

诸如此类的情形也可能发生在工作、婚姻、学业、人际关系上，使一个人慢慢失去信心和斗志，其后的发展令人忧心。

当你发现自己信心动摇，或是到了失去自信的临界点时，务必速速抽离，学着用不同的心情来看自己的行动和处境，这样就能渡过难关，以健康的心态继续前行。

（六）声音激励法

有些人的自信是与生俱来的，有些人的自信是后天锻炼和培养出来。对于那些自信不足或没有自信的人，可以试一试声音激励法，就像我们看到一些公司的员工，每天早上要在路旁大声喊口号；就像有些人为了练胆、加强自信，勉强自己去跟陌生人说话或提出某些要求的效果是一样的。

或许一开始你会觉得自己不可能做到，但是几次下来，以前让你闻之色变的"丢脸事"，却慢慢变成一种习以为常的行为，一点都不可怕，甚至有些乐在其中。

想要让自己更有自信吗？对自己出一些要求，譬如在等公共汽车的时候，故意向一位陌生人问路，或是找一位陌生人聊些最近的热门话题，你一定会变得越来越有自信的。

（七）笑容

中国人常说：伸手不打笑脸人。明明是让对方气得火冒三丈的事情，如果你能始终面带微笑地和他讨论解决方案，十之八九都会轻松过关的，笑容，不但可以呈现你的信心指数，还能为你带来信心。

（八）心中有明确的尺子

现在有个题目，要你立刻作答：你清楚自己的人生目标吗？如果你的答案像是"嗯，不太清楚""我最近正在思考……""我很清楚，但不知道怎么说""我……我想……应该一直都没什么改变吧"之类的话，表示你的心思摇摆不定，抓不到一个准则，那么你是没有自信的人。如果你的答案像是"我希望三年后买一间房子，50岁的时候退休，到公益团体里当义工""我没有确定的目标，因为我觉得人生无常、世事难料，且战且走就是我的人生哲学""感觉对了就去做，定一些做不到的目标很不切实际"之类的话，表示你很明确，有与没有、好与不好，自己心里很清楚，那么你是有自信的人。

看看你的答案，你是一个有自信的人吗？

（九）自我肯定，细化特长

以前的人总是含蓄，自己有什么想法或特长都不敢说出来，可是这个时代可不一样，如果你学不会自我肯定，还眼巴巴地等着别人来称赞自己，那么你可能等到海枯石烂都不一定有满意的结果，现代人的自下而上哲学就是——靠别人还不如靠自己。

首先，你必须彻底对自己做一番了解，找出自己有哪些天分、特质、优点和缺点，并将之分为足以被别人称赞和有待改善这两部分。然后，先把心思放在被别人称赞的部分，特别去加强和扩大它，等到自信心累积到一定的程度，再试着去改变有待改善的部分，这样一来，你不但适度地表现了自己，而且不至于让别人觉得过火。

（十）开拓视野

一个眼界狭小的人，心胸一定也宽大不到哪里去；一个心胸不宽大的人，当然也就容不下自信的生存。

从小到大的成长经历中，以正常的发展来说，一个人随着年龄的增长，学习到的经验和见过的世界必然也应该越来越多，这也是为什么长大后的我们，心思会比儿童时期来得复杂，因为接触得多，考虑的层面也变得多了。

一个人的视野是否开阔，关系着他是否有自信去挑战新鲜的事物、他是否有自信去接受各种冒险、他是否有自信去面对残酷又不可测的生命历程。

唯有自信十足的人，才愿意让自己的视野不同于凡人，走出属于自己的路。

（十一）听而不闻

"想当年，你我都是在最高学府里最被看好的企管系高才生，而小青只不过是普通学生，没想到才几年的工夫，他不但找工作比别人顺利，一路平步青云地当上大企业的副总，而且颇受老板的器重，眼看着就要坐稳接班人的位子了，唉！你说能不让人觉得憋气吗？"

任谁是当事人，这样的话听在耳里，一定都觉得很不舒服，严重的还可能因此而造成心理障碍，把原来的自信都打碎了，产生负面的效果。尤其如果你自认是一个好胜心强、不愿服输的人，听了这样的话，就选择忘掉它吧！否则它将成为你尚未成功之前，心中挥之不去的痛，更是未来发展的绊脚石。

你必须告诉自己："我不要被他人不成熟、没自信、自怜自艾的话所影响，我只希望全力以赴，做好自己该做的事情，而不是多余的嫉妒和愤懑。"人本来就有选择好的、喜欢的、舒服的人或事物的本能，对于那些让自己不舒服的人或事物，你当然可以大声而坦然地说："不！"因为这就是自信者的基本原则。

（十二）舍弃负面的比较

"我的命运比他坎坷；我的人际关系比他差；我这个当员工的真可怜，工作压力比老板还要大；同样做一件事，我总是要比别人多走许多冤枉路；我的恋爱运总比别人差……"看到这些复杂的比较关系，你一定不会陌生，因为这些正是许多人最爱做的负面比较。

这就是"比较"的可笑之处，因为那些喜欢运用比较哲学的人，表面上看起来是以自我为中心在对别人做评判，其实他们连自我的位置在哪里都没有把握，还谈什么比较呢？一直怀有比较心态的人，大多都是对自我不满足、不够了解自己、没有自信的人，所以只好借由与他人之间的差异来掩饰内心负面的情绪，因此就造成了负面的比较。

明明眼前的生活优越，却只想和千万富翁比较，当然会觉得自己命不如人，无法开最好的汽车，无法全身上下都是名牌，无法过那种衣来伸手饭来张口的日子，无法没事就到处旅行……好像自己一无是处，俨然成为别人都瞧不起的低下阶层。

时常胡思乱想的结果，绝对不可能产生什么好的能量，只会不断削弱自己的信心，而当你的信心被消磨殆尽的时候，等于只剩下一个无用的空壳躯体，这根本就是庸人自扰、无事生非！

（十三）社交增强自信

上学时你所熟识的一定是你周围的同学、亲朋好友或左邻右舍，而且范围不会太大，是一群挺固定的人。而毕业参加工作以后，人际关系和社交能力就会发生前所未有的巨大的变化，就得开始学习与"人"有关的各种课程，例如，如何与人融洽相处、如何与家人融洽相处、如何建立你的社会人脉、如何加强你的社交能力等。而这些议题运用的范围之广，超乎许多人先前的想象，包括商业、群体、家庭、学校等，都是被设定的目标。有些自信的来源是自己，有些自信的来源是他人，因此当你有了良好的社交能力，那么来自外界的肯定就会增加，对于你建立自信心是很有帮助的。

试想，一个人际关系不好的人，所到之处，不但得不到赞美之声，反而总是受人冷落、被人敷衍，得不到与别人的互动，生活模式愈趋封闭，怎么可能会有自信呢？

所以，在面对人群的时候，一定要以开朗的心和大方的姿态作为与他人相处的基础，接下来，合群、善解人意、热心助人的表现也是不可少的。当社交能力不再成为你在人们面前表演的工具而是武器的时候，自信就附身于你了。

（十四）勇于表现

试想，你现在正参加一项新人歌唱比赛，每个人都不认识彼此，当主持人问了一个问题："预测自己会在这项比赛中脱颖而出的人请举手？"这时候某人把手举得高高的，并且大声说："我！"主持人问他："你为什么觉得是你？"那人大声地回答："因为我觉得我的歌唱得不错，长相虽不是最好看的，但是很有特色。"

看到这个人的表现，听到这个人的回答，我相信99%的人都会觉得"他是一个很有自信的人！"这就是"勇于表现即代表已具有某种程度自信"的证明。

懂得勇于表现的人，分为两种类型，一种是本身确实具备完全的自信，全身充满天不怕地不怕的能量；而另一种则是本身的自信并不如外在表现得那么惊人，但他却能很聪明地借由行动来推自己一把，让自己顺利晋升到自信一族的行列里去。

也就是说，勇于表现并不是要有过人的胆量，或是天生大胆的人才能享有的权利，而是每一个想拥有自信的人的最佳助力，你只要帮自己突破这一关，自信就会更靠近你一步。

（十五）和自己说话

你曾经试着和自己说话吗？

你都在什么样的心情下和自己说话？

你觉得常常和自己说话，对自己会有什么影响吗？一项调查报告指出，79%以上的人，平时没有和自己说话的习惯，只有到了情绪低落、受到打击、心情沮丧的时候，才会和自己说话。而通常这时候说的又大多是一些负面的话，例如，"我为什么这么笨？""为何我的命运注定是悲惨的？""我怎么会一直都那么倒霉？"虽然这么做，可能有某种程度的发泄作用，但却对于振奋人心一点帮助也没有，反而把自己搞得失魂落魄、毫无斗志。

心情不好的时候，会想到和自己说话来宣泄情绪，那么心情好的时候，为什么不如法炮制，还可以借此提振精神、重拾信心。

当你信心十足的时候，不妨练习和自己说话，例如，"我是最棒的！""我一定能以无比的信心渡过各种难关！""我是一个对自己有信心的人！"这种激励作用是实际又有效的。不假手他人，完全源自想让自己过得更好的心情。

从明天开始，你就规定自己要在一天之中找时间和自己说些鼓舞的话，即使只是短短的几句都好，尤其是若能在出门前对着镜子说，一定能让你拥有自信的一天。

（十六）不可一味地压抑

"我怎么会有这种邪恶的想法，怎么可以！"

"我不能整天唉声叹气，我应该表现得快乐一点，不让关心我的人担心。"

"我觉得好沮丧，但是却无法找人倾吐我心里的苦。"

"在这个世界上没有一个人了解我，我的忧虑又能说给谁听呢？唉——这就是我的宿命吧！"

有些人就是宁可一天到晚把负面的话语挂在嘴上，或躲在家里胡思乱想，也不愿意花时间找出问题的根源，想办法解开心中的结，实在是自作自受。当一个人的精神压力过大，又找不到途径宣泄而一味地压抑自我情绪时，早晚是会出问题的。

有些观念不正确的人总以为不打扰别人、不麻烦别人，才是有道德的表现，结果等到事情累积到无法控制的境地，或是发生剧烈的变化时，不但自己延误了解决的黄金时机，而且还让旁人花费更大的力气去处理善后，这不是很愚笨的行为吗？

想成为自信者，就不要做因小失大、因噎废食的蠢事，因为自信者都知道及早发现、及早治疗的道理，你也应该懂得！

（十七）重新再来

没有谁的一生能平静无波，所以你如果想要拥有成功的人生，重点并不在于你是不是够幸运、你的能力是不是高人一筹、你能否抓到最好的时机，而是当你跌倒或失意时，你有没有让自己重新再来的勇气和力量？

重新再来所代表的意义则是先承认失败，然后痛定思痛，最后才能完成使命。这样的过程看来虽不简单，但却是你无法逃避的，因为不管一个人的计划怎么精确、能力怎么高超，都有失误的时候，何况对一般人来说，零失误率本来就是不可能的事，即使对自信者来说也是如此。

跌倒了就再爬起来，错误了就再改正过来，你不必因此有任何的心理障碍，觉得都是自己不好，才会造成这样不完美的结果，其实你若有心去问问大家，才会发现原来 99.9% 的人都和你一样，无一例外。

有自信的人根本不怕重新再来，对他来说，这反而是再一次表现的好机会，只要好好把握，就能再创佳绩。

（十八）利用想象

你是想象力丰富的人吗？如果你的答案是肯定的，那么恭喜你，你将比别人更容易成为有自信的人。

每个人在一生的历程中，总要面对千奇百怪的考验，今天你可能因为得到一座奖杯而兴奋不已，明天你可能因为爱情不顺利而痛苦不已；这一秒你可能因为自己的努力而骄傲，下一秒你可能因为自己的失误而沮丧。

在这些喜怒哀乐交杂的过程里，你如何让自己一直保有自信的心态？最好的方法就是利用想象。

当你遇到不顺心的逆境而信心丧失的时候，你就想象在远方有一道正要升起的阳光等着你去欣赏，只要把眼前的障碍排除，你就会得到自己想要的，享受苦尽甘来的生命甘甜。当你遭到恶意的批评、毁谤而信心丧失的时候，你就想象自己正置身在一个百毒不侵的真空环境之中，它能隔绝所有的外力和声音，让你有安全的感觉，等到你离开这里之后，外面嘈杂的、不好听的话语早就烟消云散了。

想象力就是这么有趣，它可以把荒田变成福田，把废墟变成大厦，把黑白变成彩色，还能在你缺乏自信的时候给你勇气。

六、提高自信心的十二条建议

（一）每天照三遍镜子

清晨出门前，对镜整理着装。午饭后，照一遍镜子保持整洁。就寝前洗脸并照镜子。这样你就不会为仪表担心，而可以一心一意地去学习和生活了。

（二）不停地进行积极的自我暗示

积极的暗示会产生强烈的心理定势，会让你较少地利用意志力，而在自发的心理中实现自信心的增强。用主观、简洁、积极的语言坚持对自己进行暗示，你就会有意想不到的收获。比如：你不断暗示自己"我一定会把某某学科学好"等。

（三）不要让人觉察你的窘态

你感觉明显的事情，其他人不一定注意得到，当你在众人面前感到面红耳赤的时候，听众可能只看到你两腮红润。所以，不要时时考虑"该说些什么"，张开嘴巴说出来就行，别人并不知道你心中的犹豫和紧张。

（四）不要过多地指责别人和无休止地批评自己

批评别人是缺乏自信的表现，而无休止地进行自我批评和否定，最终只能导致自己行为的失败。

（五）别人讲话时，你不必用插话来博取别人好感

只要注意听别人讲话，他们一定会喜欢你。不必用插话来博取别人的好感。

（六）为人要坦诚，不懂就是不懂

对别人的成就和魅力要勇于承认并给予适度欣赏，不能故作冷漠，更不要不懂装懂，否则，会让人觉得你心虚，对自己没有信心。

（七）要在身边找一个好朋友

在生活和学习过程中，要在自己身边找一个能与之分享快乐和承受痛苦的朋友，这样你就不会感到孤独。

（八）挑前面的位置坐

坐在前面会建立自信心，当然一开始你或许会感觉很不自在，不好意思，甚至有些心慌，

这时你一定不能放弃。坐在前排是比较显眼的，但是要记住，有关成功的一切都是显眼的。

（九）训练正视别人

不正视别人通常意味着，在你旁边我会感到很自卑，事事处处都不如你，你是强者，我是弱者。而正视别人就等于告诉他，我很诚实，而且光明正大，相信自己在某些方面比他强大，每人都存在优势的一面，关键就看如何发挥自己的潜能。

（十）昂头挺胸向前走

昂头挺胸向前走，这是一个人有超凡信心的表现，他们的步伐好像在告诉整个世界，我很有信心，我要去做很重要的事情。试着昂头挺胸走快一点，你会感受到自信心在增长。

（十一）如果别人不理你，不要总觉得自己有错

当身边出现对你有敌意的人，你不要总觉得是自己有错，他不理你，你也不讲话，这是唯一的方法。

（十二）避免使自己处于一种不利的环境中

如果你总处于一种不利的环境中，虽然人们会对你表示同情，但他们同时也会感到比你地位优越而在心里轻视你。

第七章　体育锻炼提升大学生自信心

第一节　体育锻炼对人体生理机能的影响

人类自身的健康是人类社会发展进步的基础。随着科学技术的发展，人们的生活水平日益提高，生活和工作中的体力支出日趋减少。实践证明，科学技术在给人们带来便利的同时，也给人们自身健康带来了新的问题，如血管栓塞性疾病、骨质疏松症、早衰、肥胖等现代"文明病"的增多。人们已意识到，科学的体育锻炼是保持健康、提高工作效率、保证生活质量的有效途径。

公元前300年，古希腊伟大的思想家亚里士多德就提出："生命在于运动。"18世纪法国作家伏尔泰曾说过："生命就是运动。"18世纪法国著名医生蒂索曾论述："运动就其作用来说，几乎可以代替任何药物，但是世界上一切药品并不能代替运动的作用。"

体育锻炼是通过科学的身体活动形式给予人体各器官和系统一种良性刺激，促使身体的形态结构、生理功能等方面发生一系列适应性反应和变化，从而增强体质、增进健康的过程。在增进健康的诸因素中，体育锻炼是重要的积极因素之一。

原国际医学联合会主席普罗科教授研究发现，不锻炼的人30岁起身体功能就开始下降，到35岁身体功能相当于最健康时的2/3，而经常锻炼的人到45岁身体功能还相当稳定，当他60岁时，心血管系统的功能大约相当于二三十岁不锻炼的人。这也就是说，经常锻炼的人比不锻炼的人要年轻20～30岁。现任国际运动医学联合会主席霍尔曼教授指出，每天坚持跑步10 min，心脏可以年轻20岁。

一、体育锻炼与心肺循环系统

当今，知识分子英年早逝的一个重要病因是心脑血管疾病。作为未来社会科技精英的大学生，在大学期间必须要了解、掌握体育锻炼对心肺系统的良好影响，并能通过科学的体育锻炼增强心肺循环系统的功能。

（一）心肺功能对健康的意义

在人体的各器官系统中，由呼吸系统与心血管系统组成的人体氧运输系统（即心肺系统），对人体的健康及生命活动有十分重要的作用。人体通过心肺循环系统将氧气和营养物质源源不断地输送到人体的各个细胞，同时将其代谢最终产物向体外排出，这是维持人体新陈代谢的基础。心肺功能的适应能力是评价健康的重要生理指标之一，是人体运动能力的重要基础。

（二）体育锻炼对心血管系统的良好影响

1.坚持锻炼能增加心脏的质量、体积，并增大心容积

经常锻炼者，由于运动负荷的刺激，能使心肌中的毛细血管大量增生，心肌纤维变粗，使心肌肥大，心肌壁增厚，腔室加大；训练有素的耐力运动员，其心脏的这种变化更为明显，因此称这种心脏为运动员心脏或运动心脏，这种运动性心肌肥大使心脏具有更强的工作能力。

2.坚持锻炼能使心肌收缩有力，每搏输出量多，心搏徐缓

经常锻炼者心脏的心肌壁增厚，且心脏收缩有力、腔室增大、心容积增加、每搏输出量增多。心脏每次收缩能把较多的养料和氧气输送到机体组织，减少搏动次数，使其安静时心率比一般人减少 15 ～ 25 次 / 分，进而相应地减少了心脏工作量，心肌获得的休息时间增多，心力储备增加，降低了心肌本身的能量消耗，所以经常锻炼者的心脏有更大的潜力来适应运动负荷的需要。一般人在剧烈运动时心跳增加到每分钟 180 次就会出现脸色苍白、胸闷、恶心，甚至昏倒等现象，而训练有素的运动员在剧烈活动时心跳每分钟可高达 200 次以上，心脏能在高负荷状态下维持较长时间的工作，而且运动后能较快恢复正常。一名优秀的马拉松运动员跑完 42.195 km 的全程，流经心脏的血液量可达 5 t，可见经常锻炼者活动的潜力是很大的。由此看来，人们应养成坚持锻炼的习惯，以增强自己心脏的功能。

3.坚持锻炼可使心血管功能得到改善

动脉血管、静脉血管和毛细血管组成了血液流通和营养运输的通道。经常参加体育锻炼可以使血管壁肌层增厚、提高血管壁的弹性，可增大管径、减小血流的阻力、提高血流量，从而有利于血液的流通以及个体在工作、学习、运动中所需氧气和营养物质的供应，并能顺利地排出二氧化碳和其他废物。同时，体育锻炼还可以增加毛细血管的数量及横截面积，使肌肉中的毛细血管大量开放，其能极大地改善微循环机能，从而使心血管功能产生如下良好变化。

（1）调动快

为适应运动需要，心血管系统的功能可以迅速调动起来。

（2）恢复快

运动后，心血管系统功能可在较短时间内恢复到运动前的安静水平。

（3）潜力大

进行最大强度运动时，在神经和体液的调节下可以发挥心血管系统的最大功能潜力，充分调动心力储备。

4.坚持锻炼能改善血液成分

坚持锻炼不仅能提高红细胞和血红蛋白的含量，增加白细胞中淋巴细胞的数量，也可以增加血浆中缓冲物质的含量，提高血液对运动后产生的酸性物质的缓冲能力。

血液中有数对具有缓冲作用的物质，其中最为重要的是碳酸和碳酸氢钠（钾）。当组织代谢产生的酸性物质进入血液后，碳酸氢钠（钾）就很快把这些酸性物质中和成弱酸（H_2CO_3），弱酸再转化为 CO_2，由呼吸器官排出。

5.坚持锻炼对心血管系统疾病有良好的预防作用

经常锻炼者，在增强心脏功能的同时，也改善了体内物质的代谢过程。运动时血液循环加速，在给血管本身带来营养物质的同时，也带走了血管细胞的代谢产物，消除了附着于动脉管壁的脂类物质沉积物，这不仅延缓了硬化过程，也增加了纤溶酶的活力，可防止血栓形成，保持与增进血管的弹性，改善微循环，调节体内环境的平衡与稳定。另外，在运动过程中，肌肉的收缩可以使血管内皮细胞产生、释放的舒血管物质增多，舒血管物质不仅可以预防高血压、动脉粥样硬化等血管性疾病，还可以有效增强淋巴细胞的免疫功能，大大提高人体的抵抗能力。

（三）体育锻炼对呼吸系统的良好影响

体育锻炼并不能改变肺的大小，但它可以改善呼吸肌的状态和效率，使其更好地发挥其功能。

1.增强呼吸肌的力量

经常参加锻炼可使呼吸肌纤维增粗，毛细血管增多，物质代谢增强，呼吸肌力量增大。同时，安静时不常用的辅助肌（腹肌、肩带肌、背肌）都随运动强度的增加而参与到呼吸工作中来，肋骨的活动性增加，胸廓活动范围扩大，肺泡内所容的空气增多，肺的换气效率得到提高，进而使整个呼吸肌的力量和耐力都得到发展，呼吸系统的功能得到提高。

2.肺活量增大，肺通气能力提高

由于呼吸肌力量增大，胸廓活动范围也扩大，扩张能力增强，胸腔的形状和容积也随之改善，从而肺活量也就随之增大。

在日常生活中，只需极少一部分肺泡参加工作，即可满足生命的需要；而不能经常活动的肺泡，往往处于萎缩状态或为黏液所阻塞。进行体育锻炼时，大部分或全部肺泡获得活动的机会，从而提高了换气功能，肺通气量（单位时间内呼出或吸入肺内的气体总量）可从平时的 9 L/min 增加到运动时的 70 ～ 150 L/min。肺泡活动增加，肺通气能力提高，肺活量增大，肺的功能从而提高。

3.呼吸频率改变，肺通气效率提高

经常锻炼者安静时的呼吸深而慢，每分钟呼吸 8 ～ 12 次，甚至 4 ～ 6 次，就能满足人体的需要；不锻炼者则需 12 ～ 18 次才能完成人体需要。经常锻炼者这种深而慢的呼吸，具有很多优越性，在每次呼吸后有较长时间的休息，因而不易疲劳。在轻度劳动和参加一

般体育锻炼时也不至于出现呼吸急促、胸闷等现象。一般缺乏锻炼的人，在运动和劳动时，容易因缺乏氧气而产生过多的酸性代谢物（乳酸），即使呼吸频率加快，也不能满足机体的需要，其结果是呼吸肌过度紧张，呼吸浅而快，产生胸闷、气喘等现象。

坚持锻炼者呼吸次数少但吸入的空气多，并且流通空气量可达 150 L/min 或更多；而不坚持锻炼者是 120 L/min 或更少。由此可见，坚持锻炼对肺通气效率有着明显的提高。

4. 提高人体在特殊状态下的工作能力

通过锻炼，人体呼吸系统在缺氧状态下（如高空环境、空气稀薄、气压低等特殊环境条件）的功能适应能力会高于一般人。1960 年，我国登山健儿经过艰苦训练，在没有氧气补充的条件下，克服重重困难，登上了世界最高峰——珠穆朗玛峰，创造了人类登山史上的奇迹。

5. 对呼吸系统的疾病有预防和治疗作用

经常锻炼可使新陈代谢更加旺盛，心肺功能加强，身体抵抗力提高，呼吸道毛细血管更加密实，呼吸道黏膜的分泌能力、上皮细胞的纤毛活动能力、肺内吞噬细胞的吞噬能力提高，从而能及时消灭和清除呼吸道的病毒，起到预防和治疗疾病的作用。

（四）大学生心肺循环系统功能锻炼的内容、方法及注意事项

1. 增进心肺功能的锻炼内容

（1）有氧运动

经常参加的锻炼方式有慢跑、骑自行车、游泳和快步走等。

（2）无氧运动

有一定锻炼基础者可以进行一定量的无氧运动，如短距离疾跑等。

2. 练习的方法

增加心肺循环系统的功能主要以增强有氧耐力为途径，其具体的锻炼方法是相对的，进行锻炼时最重要的是根据实际情况采用适合自身的具体锻炼方法，并注意其科学的实施，在锻炼效果的不断累积中提高心肺循环系统的功能。

3. 注意事项

（1）遵循科学锻炼身体的原则

如自我积极原则、个性化原则、循序渐进原则、阶段性原则、持之以恒原则、全面训练原则。

（2）锻炼时间、环境及运动负荷的科学安排

根据自己体质状况制订适合自身的锻炼计划，是达到锻炼目的的保证。锻炼时间、运动强度（最大心率）、锻炼频率（每天或每星期）、锻炼方式、运动环境的选取严格按科学方法进行，尤其是锻炼时运动强度的控制是发展有氧耐力的关键，心率应控制在最大心率的 60% ~ 80%，运动强度过大或过小都达不到预期效果。

（3）有氧耐力锻炼一定要持之以恒，有计划地进行

无论是锻炼的实施，还是写锻炼日记（锻炼时鼓励自己写锻炼日记，记录锻炼情况，控制心率变化，这将有助于了解自己心肺适应水平的提高情况，增加自己坚持锻炼的决心和信心）都要持之以恒，有计划进行，这样会以较小的锻炼投入获得较好的锻炼效果，终身受益。

二、体育锻炼与运动系统

运动系统又称骨骼肌肉系统，由骨骼、关节和肌肉构成。骨骼的发育一般在 20 ~ 25 岁完成，肌肉的发育在 30 岁左右完成。大学生年龄段是运动系统发育的一个很重要的时期，一定要进行科学的体育锻炼，全面增进运动系统的健康。

（一）体育锻炼对骨骼的良好影响

第一，经常参加体育锻炼可促进骨骼的生长发育，使骨密质增厚，骨变粗，骨面肌肉附着处突起明显，骨小梁的排列根据张力和压力更加整齐有规律。这是由于骨的新陈代谢加强，骨的血液循环得到改善，从而在形态结构上产生良好变化的结果。

第二，随着形态结构的变化、骨骼的增长，人逐渐长高。同时，骨变得更加粗壮和坚固，骨骼可承受更大的外力作用，在抗折、抗弯、抗压缩和抗扭转方面的性能都有所提高。

骨的两端长着软骨（称骺软骨），内面有软骨细胞。运动时，软骨细胞受到挤压的刺激，快速地繁殖、成熟、肥大，再加之运动使血液循环加快，骨骼获得充分的养料，从而向两端快速增长。下肢骨变长，在身高、体重增长方面表现尤为显著。因此，身材高矮是由骨骼发育成长决定的，经常参加运动的青少年要比同年龄的人身高平均高出 4 ~ 7 cm。

另外，参加锻炼的项目不同，对人体各部分骨骼的影响也不同，经常从事下肢活动，对下肢骨的影响较大；长期从事上肢活动，对上肢骨的影响就明显。人体在不同时期骨的新陈代谢程度不同，青少年时期较为旺盛，这个时期进行科学的体育锻炼，会促进骨骼朝正常方向协调合理生长。然而，当体育锻炼停止后，骨骼经锻炼所获得的良好变化会慢慢消失，这就要求我们必须持之以恒，切忌"三天打鱼，两天晒网"式的锻炼。

（二）体育锻炼对关节的良好影响

经常参加科学的体育锻炼，对人体关节的形态结构会产生良好影响，使其机能得到提高。

第一，关节面骨密质增厚，可提高其对运动负荷的承受能力。

第二，关节面软骨增厚，既可加大关节的稳固性，又可提高关节的运动缓冲能力。

第三，关节囊增厚，可加固关节，提高关节囊内层的滑膜层分泌滑液功能，减少软骨之间摩擦。

第四，关节滑膜囊与滑膜皱襞的形态、结构产生良好变化，可避免关节面过大的撞击。

第五，关节周围肌腱和韧带增粗，加强了关节的稳固性，提高了运动能力。

关节稳固性的提高，既可加强对关节的保护，又会减小关节活动幅度，提高其运动能力。所以在进行力量性练习时，要配合一定的柔韧性练习，使力量与柔韧度同时得到相应发展，全面提高关节运动能力，减少伤害事故。

参加不同的锻炼项目，对关节的作用也不相同，如游泳、乒乓球等运动对上肢关节作用大，足球、跑跳等运动对下肢关节作用大。另外，短时间、较大强度的运动可使关节肿胀、疼痛，这是由于关节软骨暂时肿胀、滑液增多及运动负荷对关节的刺激造成的，运动停止后肿胀可消失。这种变化在 25 岁以下年轻人特别是不经常参加锻炼者中较明显。

（三）体育锻炼对肌肉的良好影响

经常参加体育锻炼可使肌肉体积明显增大，不同运动项目肌肉增大部位程度不一，肢体围度的大小可反映肌肉体积增大程度。经常参加体育锻炼的人长得结实健壮，肌肉丰满，身材匀称。据统计，运动员的肌肉占体重的 40% ~ 50%，而一般人的肌肉占体重的 35% ~ 40%。体育锻炼还可以消除多余脂肪，防止肥胖症。另外，经常参加体育锻炼的人，在神经系统的调节下，肌肉的工作能力大幅提高，肌肉灵活协调、反应迅速、准确有力、耐久高效。

体育锻炼对肌肉形态结构的影响如下。

1. 肌肉体积增大

肌肉体积增大的原因大多数人认为是由于肌纤维增粗所致，也有人认为是肌纤维数目增多所致，但都没有足够的实验证明。力量性练习如举重等项目，可使肌纤维得到最大程度的增粗。

2. 肌纤维中线粒体数目增多，体积增大

线粒体是肌纤维中的细胞器，它是肌纤维的供能中心，三磷酸腺苷（ATP）主要由线粒体产生。在耐力性练习如长跑等运动中，肌纤维中的线粒体明显增加，这可为肌肉收缩提供更多能量，以适应耐力运动的需要。

3. 肌肉中脂肪减少

在不经常参加锻炼的情况下，骨骼肌表面和肌纤维之间会有脂肪堆积。肌肉内的脂肪在肌肉收缩时会产生摩擦，消耗能量，同时也降低了肌肉的收缩效率。通过体育锻炼，特别是耐力性项目如长跑，可以减少肌肉的脂肪，既能健美体形又可提高运动能力。

4. 肌肉内结缔组织增多

体育锻炼尤其是力量性练习，在肌肉反复收缩过程中，使肌纤维周围的肌膜和肌束周围的肌束膜变厚。同时，也使肌腔和韧带中的细胞因增殖而变得坚实粗大，提高抗拉断能力。

5. 肌肉内的化学成分发生变化

经常参加体育锻炼，可使肌肉中的肌糖原、肌球蛋白、肌动蛋白、肌红蛋白和水分等含量增加，使肌肉收缩能力提高，氧储备量增加，力量增大。

6. 肌肉中毛细血管增多

经常参加体育锻炼可以使骨骼肌肉的毛细血管数量增多，形态功能得到完善，改善骨骼肌的血液供给情况，提高肌肉的工作能力，有利于肌肉持续长时间的大负荷运动。

7. 参加活动的肌纤维数量增加

每块肌肉的纤维在运动时并不都收缩，只有一部分肌纤维对神经冲动产生反应发生收缩。不收缩纤维称不动纤维。肌纤维不收缩部分是由于神经在控制过程中没有使用它们，或是达到运动终板的神经冲动太少太弱。一般人的肌肉只有 60% 的肌纤维参加收缩活动，经常锻炼可使参加收缩活动的肌纤维提高到 90% 左右。所以经常参加锻炼的人肌肉力量较大。

（四）大学生运动系统功能锻炼指导与注意事项

运动系统功能的提高，主要通过骨骼、关节和肌肉的形态结构改善来实现。而能直观感觉到变化的，也最为重要的是肌肉的形态改变和功能改善。所以，在提高运动系统功能的体育锻炼中主要是制订肌肉的锻炼计划，在发展肌肉功能的同时，使骨骼与关节机能得到完善。

三、体育锻炼与神经系统

（一）神经系统的作用

神经系统包括中枢神经系统和周围神经系统。中枢神经系统是指挥整个机体活动的"司令部"。人体的一切活动，其本质都是神经系统的反射活动，都是经过感知、分析、判断、作出反应这个过程来完成的。按照巴甫洛夫的话说，就是："神经系统的活动一方面使有机体各部的活动统一合作，另一方面用以使有机体与外界环境发生关系，与外界保持平衡。"由于神经系统在人体内起主导作用，因此，经常参加体育锻炼，就能使大脑神经细胞工作能力提高，反应灵活迅速、准确协调。

一般来说，经常参加锻炼者大脑神经系统的反应要比一般人快 $0.2 \sim 0.3$ s，敏捷性更强。在"反应时间测验"中，明显反映出经常参加锻炼者反应敏捷、迅速，反应时间通常为 $0.1 \sim 0.3$ s；而一般人动作则相对较为迟缓，反应时间通常在 0.4 s 以上。在对"简单信号反应时间测试"中，一般人对简单信号反应时间为 0.2175 s，经常参加锻炼者仅为 0.1615 s。对较复杂信号的反应时间，一般人为 0.3275 s，而经常参加锻炼者仅为 0.2487 s。所以，经常参加锻炼者要比一般人看的范围大，距离远，对物体运动的速度和位置判断更加准确。

（二）体育锻炼对神经系统的良好影响

1. 改善和提高神经系统的反应能力，调控身体运动的准确协调性

神经系统的主导部分大脑虽然只占人体体重的 2%，但是所需要的氧气是由心脏总血流量的 20% 来供应，当大脑在紧张工作时，需氧量和血流量更多，血流量比肌肉活动时

所需量要大 15 ~ 25 倍。所以，改善大脑的物质供应水平对人的劳动、工作、学习有着重要的意义。坚持科学的体育锻炼，特别是到大自然中去锻炼，使脑细胞得到氧气量增加，可以改善神经系统，尤其是大脑的供血、供氧情况，一方面，可以使中枢神经系统及其主导部分大脑皮质的兴奋性增强，抑制加深，抑制与兴奋更加集中，并可改善神经过程的均衡性和灵活性，提高大脑皮质的分析、综合能力，从而保证机体对外界不断变化的环境有更强的适应性；另一方面，体育锻炼还可以改善和提高中枢神经系统对身体内部各器官、组织的调节能力，使各器官、组织的活动更加灵活、协调，机体的工作能力得到提高。

2.有效地消除脑细胞的疲劳，提高学习和工作效率

神经系统由神经细胞构成，其活动是依靠神经细胞的兴奋、抑制过程不断相互转化、相互平衡来实现的。例如，我们看书学习是由有关思维和记忆的大脑皮质细胞，在接受外界刺激（书籍）下引起兴奋来完成的。那么，在一定的强度下，经过一段时间，随着细胞本身的能量消耗，由于神经系统长时间处于兴奋状态而产生疲劳，则会出现头昏脑涨、看书效率降低等现象。出现这种现象，实际上就表明，相应的细胞只有得到休息，才能消除疲劳、恢复功能。

消除疲劳的方法有以下两种。

（1）静止性（消极）休息

静止性休息主要是通过睡眠，使大脑细胞产生广泛的抑制，从而使已经疲劳的脑细胞恢复功能。

（2）活动性（积极）休息

活动性休息则是通过一定的户外活动，使大脑皮质不同功能的细胞产生的兴奋与抑制过程相互诱导，从而使细胞得到交替休息。

上述两种休息方法的效果是不尽相同的，后者要优于前者。由于体育锻炼使血液循环加快，使单位时间内流经脑细胞的血液增多，能量物质的补充加快，且户外空气中氧气含量要明显高于户内，因此，血液循环加快可使脑细胞获得更多的氧气，并可加速新陈代谢，加快疲劳的消除，使大脑更清醒、更灵活，学习和工作效率更高。

3.预防和治疗神经衰弱

神经衰弱一般是由于长期长时间用脑，不注意休息，使大脑皮质兴奋、抑制长时间失衡而引起神经系统功能下降的一种功能性疾病。体育锻炼可以有效地预防和治疗神经衰弱。

经常参加体育锻炼，可以使大脑皮质的兴奋与抑制经常保持平衡状态，及时消除脑细胞的疲劳。现在国际上广泛开展的健身跑活动，对于一些患有轻度神经性失眠者来说，能起到帮助其快速进入睡眠的作用。跑步和其他各种体育锻炼一样，能增强体质、促进健康，使人精神振奋、精力充沛。国内外一些医学专家经常为身患轻微神经衰弱的病人开"运动处方"，以体育锻炼代替药物，其结果也表明，经过一周的"运动疗法"，有 60% ~ 85%的患者疗效显著。

四、体育锻炼与消化系统

消化系统由消化管与消化腺组成。消化系统可把食物转化为身体所需要的营养物质，并将营养物质送入淋巴和血流，以供身体生长和维持生命，并将代谢过程中的残渣排出体外。经常参加体育锻炼，对消化系统的机能有良好影响，可使胃肠的蠕动增强，消化液的分泌增多，从而使消化和吸收的能力提高；也可增加人体对食物的欲望和需要量，有利于增强体质。体育锻炼对消化系统的良好影响如下。

第一，人的身体发育及脑力与体力劳动都需要大量的营养物质。同时，体育锻炼使能量消耗增加，并进一步加快新陈代谢的过程，从而促使胃肠消化机能同步加强。在这种情况下，消化系统分泌的消化液增多，消化道的蠕动加强，胃肠的血液循环得到改善，进而使食物的消化和营养物质的吸收进行得更加充分和顺利。

第二，体育锻炼能使腹肌和膈肌的活动增强、作用范围增大，还能增强消化道的平滑肌，刺激消化腺的分泌，改善消化条件，使食物的消化更加完善。只有消化吸收和排泄等功能增强，才有可能保证体内物质代谢的正常进行。体育锻炼还对肠胃起到按摩和刺激作用，提高消化能力，并能使小肠毛细血管及绒毛发达，提高小肠对养料的吸收能力。这对增强胃肠的消化功能有良好影响。

第三，经常参加体育锻炼对防治肠胃疾病有良好作用。例如，腹肌过分松弛无力，往往容易导致内脏下垂、消化不良、便秘等，通过体育锻炼加强腹肌力量，可以预防这些疾病。同时，体育锻炼还可增进食欲，提高消化能力，改善肠胃消化功能，对治疗消化不良、胃肠神经官能症、溃疡等疾病有良好效果。

总之，体育运动能增强人的体质，使人健康长寿，这是体育运动健身功能的直接效果。

第二节　心理健康的定义、标准及评估

按照世界卫生组织对于健康的定义，健康应该包括生物、心理和社会三个层面。只有当这三个层面同时处于完好状态时，才可以说是健康的。体育锻炼对身体健康的积极影响已经是不争的事实，对心理健康的促进作用也被研究结果所证明。心理生理学的研究表明，心理的变化会引起生理功能的变化，也就是说，心理不健康必然会影响身体健康。

20世纪初，著名生理学家坎农发现，情绪状态对机体的生理过程有明显的影响。他指出，强烈的情绪变化可使丘脑下部通过植物性神经系统影响内分泌腺激素的分泌，并使心血管系统的活动等发生变化。如果不良情绪长时间反复频繁出现，就可能产生生理功能紊乱，并最终导致病理变化。与此同时，巴甫洛夫学派提出的高级神经活动学说认为，心理因素之所以能影响人体器官的活动是因为人体的各种器官都受大脑皮质的调节。沃乐夫等在前人研究的基础上通过进一步研究认为，情绪对一些躯体疾病影响很大，对植物性神经系统支配的某一器官和某一系统影响更为明显，如焦虑、恐惧、愤怒和激动等情绪，能够引起心率、心输出量和血压的变化。实践证明，心理健康有益于提高学习成绩和工作效率，提高挫折和逆境的耐受能力。由此可见，保持良好的心理状态，保证心理健康，是人体身心健康的一个基础，是我们生活、工作和学习的重要保证。

一、心理健康的定义

《简明不列颠百科全书》将心理健康解释为：心理健康指个体心理在本身及环境条件许可范围内，所能达到的最佳功能状态，而不是指绝对的十全十美。

心理学家 H.B.English 对心理健康的定义为，心理健康是指一种持续的心理状态，当事者在那种情况下能做良好适应，具有生命的活力，而且能充分发展其身心的潜能，这乃是一种积极的、丰富的情况，不只是免于心理疾病而已。

社会学家 W.W.Boehm 认为，心理健康就是合乎某一水准的社会行为，一方面能为社会所接受，另一方面能为本身带来快乐。

个体成长观把心理健康解释为人的积极的心理品质和潜能的最为完整的发展，认为心理潜能的最佳发展取决于人在一生中是否能够成就某种事业。

在对主观幸福感的研究中，心理健康被定义为积极的情感和生活满意两种概念的综合，认为有关正性情绪和负性情绪的争论就是心理健康的不同维度把二者之间的平衡作为幸福的指标，而生活满意度被看作是一种认知成分，是幸福感的一种补充，是衡量心理健康的关键指标。

从以上不同的定义可以看出，心理健康目前还没有一个统一的概念，每个定义都从不同的角度强调了心理健康的某个重要特征。总体来看每个定义各有侧重，但实际上心理健康包含了以下各个要素：智商、情绪、社会适应、持续而稳定的心态。广义上来说，心理健康是指一种高效而满意的持续的心理状态；从狭义上来说，心理健康是指人的基本心理活动过程内容的完整、协调一致，即知、情、意、行、人格完整协调，能适应社会。心理学家们对此指出了心理健康的具体表现和标准，以此来判断一个人的心理健康状态。

二、心理健康的主要表现和标准

由于个体在生活、工作、学习过程中会遇到各种各样的问题，不同个体对于问题的心理反应也同样千差万别，因此，如何去界定个体的心理是否健康，很难有一个完美的标准。

（一）WHO（世界卫生组织）对心理健康给出的标准

①自我控制能力。

②内心平衡与满足状态。

③正确处理外界干扰。

（二）国际心理卫生大会标准

①身体、智力、情绪协调。

②适应环境，人际交往顺利。

③有幸福感。

（三）美国人格心理学的标准

①自我开放（不自我封闭）。

②良好的人际关系，具有安全感。

③正确地认识现实，胜任自己的工作。

④自知之明。

⑤内在的统一的人生观。

（四）中国体育研究会给出的标准

①智力情况良好。

②行为举止表现积极向上且协调、得体。

③环境（自然与社会）适应能力良好。

④人格健全、情绪健康。

⑤坚毅的意志。

（五）美国人本主义标准

心理学家马斯洛和米特尔曼提出的心理健康的十条标准被公认为是"最经典的标准"：

①充分的安全感。

②充分了解自己，并对自己的能力做适当的估价。

③生活的目标切合实际。

④与现实的环境保持接触。

⑤能保持人格的完整与和谐。

⑥具有从经验中学习的能力。

⑦能保持良好的人际关系。

⑧适度的情绪表达与控制。

⑨在不违背社会规范的条件下，对个人的基本需要做恰当的满足。

⑩在不违背社会规范的条件下，能做有限的个性发挥。

（六）美国学者坎布斯的观点

美国学者坎布斯认为，一个心理健康、人格健全的人应有如下四种特质：

1. 积极的自我观念

能悦纳自己，接受自己，也能为他人所悦纳，能体验到自己存在的价值，能面对和处理好日常生活中遇到的各种挑战。尽管有时也可能会觉得不顺心，也并非总为他人所喜爱，但是肯定的、积极的自我观念总是占优势的。

2.恰当地认同他人

能认可别人的存在和重要性，即能认同别人而不依赖或强求别人，能体验自己在许多方面和大家都是相同的、相通的，能和别人分享爱和恨、乐与忧以及对未来美好的憧憬，并且不会因此而失去自我，仍保持着自我的独立性。

3.面对和接受现实

能面对和接受现实，而不论其是好是坏或对自己有利或不利，即使现实不符合自己的希望与信念，也能设身处地、实事求是地去面对和接受现实的考验。能够多方面寻求信息，善于倾听不同的意见，正确把握事实的真相，相信自己的力量，随时接受挑战。

4.主观经验丰富，可供利用

能对自己、周围的事物与人物及环境有较清楚的知觉，不会迷惑和彷徨，在自己的主观经验世界里，储存着各种可供利用的信息、知识和技能，并能随时提取使用。善于发现和利用自己的长处与优点，同时也能借鉴和学习别人的长处与优点，以此来解决自身所遇到的问题，从而增进自己行为的有效性，并且不断丰富自己的经验和知识库。

（七）国内著名心理学家王登峰等对于心理健康的衡量标准

国内著名心理学家王登峰等通过对各方面研究结果的归纳总结，较为详细地提出了有关心理健康的几条衡量标准。

1.了解自我，悦纳自我

一个心理健康的人能体验到自己的存在价值，既能了解自己，又能接受自己，具有自知之明，即对自己的能力、性格、情绪和优缺点都能做到恰当、客观的评价，对自己不会提出苛刻的非分期望与要求，对自己的生活目标和理想也能定得切合实际，因而对自己总是满意的，同时，努力发展自身的潜能，即使对自己无法补救的缺陷，也能安然处之。一个心理不健康的人则缺乏自知之明，并且总是对自己不满意，由于所定的目标和理想不切实际，主观和客观的距离相差太远而总是自责、自怨、自卑，其总是要求自己十全十美，而自己却又总是无法做到完美无缺，于是，就总是和自己过不去，致使自己的心理状态永远无法平衡，永远无法摆脱心理危机。

2.接受他人，善与人处

心理健康的人乐于与人交往，不仅能接受自我，也能接受他人，悦纳他人，能认可别人存在的重要性和作用。其能被他人所理解，被他人和集体所接受，能与他人相互沟通和交往，人际关系协调和谐，能融入生活的集体，乐群性强，既能在与挚友团聚之时共享欢乐，也能在独处沉思之时无孤独之感。在与人相处时，积极的态度（如同情、友善、信任、尊敬等）总是多于消极的态度（如猜疑、嫉妒、畏惧、敌视等），因而在社会生活中具有较强的适应能力和较充足的安全感。一个心理不健康的人，总是自别于集体，与周围的环境和人群格格不入。

3.热爱生活，乐于工作

心理健康的人珍惜和热爱生活，积极投身于生活，在生活中尽情享受人生的乐趣。他们在工作中尽可能地发挥自己的个性和聪明才智，并从工作的成果中获得满足和激励，把工作看作是乐趣而不是负担。他们能把工作过程中积累的各种有用的信息、知识和技能存储起来，便于随时提取使用，以解决可能遇到的新问题，他们能够克服各种困难，使自己的行为更有效率，工作更有成效。

4.面对现实，接受现实，适应现实，改变现实

心理健康的人能够面对现实，接受现实，并能够主动地去适应现实，进一步地改造现实，而不是逃避现实。心理健康的人对周围事物和环境能作出客观的认识和评价，并能与现实环境保持良好的接触，既有高于现实的理想，又不会沉湎于不切实际的幻想与奢望，他们对自己的能力有充分的信心，对生活、学习、工作中的各种困难和挑战都能妥善处理。心理不健康的人往往以幻想代替现实，不敢面对现实，没有足够的勇气去接受现实的挑战，总是抱怨自己生不逢时或责备社会环境对自己不公，因而无法适应现实环境。

5.能协调与控制情绪，心境良好

心理健康的人，其愉快、乐观、开朗、满意等积极情绪状态总是占据优势，虽然也会有悲、忧、愁、怒等消极的情绪体验，但一般不会长久。他们能适当地表达、控制自己的情绪，喜不狂，忧不绝，胜不骄，败不馁，谦虚不卑，自尊自重，在社会交往中既不妄自尊大也不畏缩恐惧，对于无法得到的东西不过于贪求，争取在社会规范允许范围内满足自己的各种要求，对于自己能得到的一切感到满意，心情总是开朗的、乐观的。

6.人格和谐完整

心理健康的人，其人格（包括气质、能力、性格、理想、信念、动机、兴趣、人生观等各方面）能平衡发展，人格即人的整体精神面貌，能够完整、协调、和谐地表现出来。心理健康的人思考问题的方式是适中和合理的，待人接物能采取恰当灵活的态度，对外界刺激不会有偏颇的情绪和行为反应，能够与社会步调合拍，也能与集体融为一体。

7.智力正常，智商在80分以上

智力正常是人正常生活的最基本的心理条件，是心理健康的主要标准，智力是人的观察力、记忆力、想象力、思考力和操作能力的综合。智商过低的人很难达到心理健康的标准。

8.心理行为符合年龄特征

人在生命发展的不同年龄阶段，都有相对应的不同的心理行为表现，从而形成不同年龄阶段独特的符合社会角色规范的心理行为模式。心理健康的人应具有与同年龄段大多数人相符合的心理行为特征。

以上列举了一些国内外学者和世界卫生组织提出的心理健康的评判标准和尺度，是较有代表性的观点。从上述可看出，心理健康并不是一个单一的模式，而是一个多元化的多种要素组成。评判标准基本都包括了智商水平、情绪控制、社会适应（接纳自己和他人）

等方面。总体而言,心理健康的人都能够正确认识自己和世界,态度上善待自己,善待他人,心理和行为上适应社会环境,情绪正常可控,人格和谐完整。心理健康的人并非没有痛苦和烦恼,而是他们能适时地从痛苦和烦恼中解脱出来,积极地寻求改变不利现状的新途径。他们是那些能够自由、适度地表达和展现自己个性的人,他们和环境能够和谐地相处。他们善于不断地学习,利用各种资源,不断地充实自己,从不同角度出发全面地看待问题。

根据世界卫生组织的一项新研究得出,心理健康问题是导致全世界儿童、青少年和年轻成年人疾病的主要原因。研究人员分析了 2004 年收集的全球数据,发现神经精神疾病(包括抑郁症、精神分裂症、躁郁症和酒精使用)占 10 ~ 24 岁人群疾病负担的 45%。最常见的导致年轻人疾病的两个次之原因是意外受伤(占 12%,通常由于交通意外)和传染病、寄生虫病(占 10%)。研究人员还发现,在生活中影响年轻人日后健康的重要危险因素包括不安全性行为、酒精使用、缺铁和缺乏避孕。根据世界卫生组织健康统计暨资讯部门的研究,在青春期早期,上述主要危险因素引发疾病的可能性是比较低的。不过,在青春期后期和成年早期,酒精和不安全性行为引起的发病率大幅上升。对于其他通常在青春期开始的风险因素,例如烟草使用、低体力活动、高血压、超重和肥胖,对疾病的影响在成年的中后期变得明显。

第三节　体育锻炼对心理健康的作用

体育锻炼对心理健康有积极作用,即其可以调节情绪,提高认知能力,预防和治疗心理障碍与心理疾病。同时强调,体育锻炼对心理健康的作用是多方面的、明显的,并且已经被科学研究所证实。

一、体育锻炼对心理健康的作用

体育锻炼既是身体运动,又是心理活动和社会活动,不仅有利于身体健康,而且对人的心理健康有积极的促进作用。体育锻炼是生活的调节器,能帮助人们摆脱困惑,提高生活质量。大量科学研究证明,有规律的体育锻炼有助于心理健康,许多专家认为体育锻炼有助于医治某些精神疾病,在许多情况下体育锻炼与心理治疗和抗抑郁药物一样可以治疗情绪失调症。

体育锻炼对心理健康的作用表现在以下方面。

(一)体育锻炼对大脑和神经系统认知功能的影响

体育锻炼对大脑和神经系统认知功能有着良好的影响,对人体智力的发展和提高也具有促进作用。一方面,经常参加体育运动,可以促进大脑的开发,增强神经系统功能。现代医学研究表明，人的右脑信息容量、记忆容量和形象思维能力都大大超过左脑，体育运动可以使右脑得到充分的锻炼，提高人的记忆力和抽象思维能力。另一方面，体育运动可以使神经系统的兴奋和抑制过程更加集中，对外界刺激的反应更加迅速、准确，还可以提高人的视觉、听觉、感觉、神经传导速度，以及神经传递过程的均衡性和灵活性，促进神经系统功能的增强，使锻炼者的注意力、判断力、反应力、思维力、想象力和记忆力得到进一步提高，整体能力进一步加强，同时能够减轻大脑因其他学习或工作带来的疲劳，使大脑供氧充足，工作学习效率得到提高。

（二）体育锻炼对人格的塑造作用

长时间坚持体育锻炼（一年以上），会对人格起到某些改变作用，如性格内向的人经常参加集体性的体育锻炼活动，性格可以得到一定的改善。科学研究表明，青少年长期从事体育锻炼对其人格的形成有一定的影响，更容易使其形成开放、坚定的性格。

（三）有助于坚强意志品质的培养和形成

意志品质是指一个人的果断性、坚韧性、自制能力，以及勇敢顽强和主动独立等品质。意志品质既是在克服困难的过程中表现出来的，有时又是在克服困难的过程中培养起来的。在体育运动中，要不断地克服客观困难（如气候条件、动作的难度或外部障碍等）和主观困难（如胆怯和畏惧的心理、疲劳和运动损伤等），在战胜自我的前提下，越是努力克服主客观方面的困难，就越能培养良好的意志品质。有的人想运动，但是缺乏毅力，不能克服惰性，不能持之以恒，所以难以取得良好的效果。为此，我们要通过体育锻炼来培养自己的坚强意志品质，增强战胜学习和工作中困难的勇气与信心。

（四）有助于形成和谐的人际关系

体育运动是人际交往的形式之一。参加者以体育活动为纽带，不论职务、层次、文化水平的高低，都平等地在一起从事体育锻炼（交往）。这种交往不带有任何个人目的，当体育运动使他们相聚在运动场上时，彼此通过平等、友好、和谐的练习和比赛，相互之间会产生亲近感，无须用语言，只需一个手势、一个眼神，就可以直接或间接地沟通信息，交流心声，产生一种默契，尤其是集体项目。因此，这个过程有利于每位直接参与者和间接参与者对自己形成一个较为客观的自我认识，通过体育运动结识更多的朋友，并使每个人都融入集体中，为自己成为集体中的一员而心情舒畅，精神振奋。所以，我们在轻松的体育锻炼中心情会变得更加开朗，身体表象会变得更加完美。体育锻炼可增进交往，克服孤独感，增强社交能力和提高灵活应变能力，对培养个体适应集体和他人大有裨益。

（五）有助于减轻疲劳，消除心理障碍

疲劳是一种综合性症状，与人的生理和心理因素有关。在激烈的社会竞争和生活压力超出个人承受能力时，人可能产生悲观失望的情绪，在生理和心理上就会产生疲劳感，从而导致产生忧郁、孤独等心理障碍，对事物产生逆反心理。此时，通过自己喜欢的运动项

目的锻炼，自身的心理机能、身体素质就会得到改善，身心获得一种舒适的感受，其有助于减轻疲劳，产生积极的成就感，从而增强自信心，摆脱压抑、悲观等消极情绪，消除心理障碍。当今，体育运动已被公认为是一种有效的心理治疗方法。

（六）有助于增强自我意识

一个人具有自我的意识，就意味着他能客观地认识自己和评价自己。体育运动大都是集体性、竞争性的，自己能力的高低、修养的好坏、魅力的大小，都会明显地表现出来，从而使自己对自我有一个比较符合实际的认识。体育运动中竞争的成功可提高自信心和抱负水平，可以获得同伴和集体的认可，从而可以正确地认识自己的社会价值。大学生还可以在体育运动中发现自己的缺点，显现自己的优点，从而不断地修正自己的认识和行为，对自己的潜能和长处发扬光大，对自己的缺点与不足改正和克服，这都有利于自我意识能力的增强，从而更好地规划自己的未来。

（七）有助于情感与情绪的调节和改善

情感与情绪是人对客观现实态度的体验，也是心理健康标准的一个方面。人们不是生活在真空状态中，而是生活在一个飞速发展和变化的错综复杂的社会里，随着生活节奏的加快，工作压力的加大，神经高度紧张的人们经常会出现忧郁、紧张等情绪反应。而体育运动不但可以转移不愉快的意识、情绪和行为，使人从烦恼和痛苦中摆脱出来，而且可以使不良情绪得到及时的宣泄，进而形成积极的心态和情绪。

体育锻炼与情绪之间的相互影响是当前研究最多的问题之一。已有研究成果证明体育锻炼可以对情绪产生如下一些良好影响。

1. 一次性体育锻炼后所产生的情绪效应

（1）心境状态得到改善

心理健康的重要标志之一是拥有一个良好的主导心境。有研究报道，30 min 的跑步使紧张、困惑、焦虑、抑郁和愤怒等消极情绪状态得到显著改善，同时可使精力保持充沛。另有研究结果表明，仅一次自行车功率练习就使健康和不太健康的大学生焦虑程度下降。甚至有研究认为，5 min 的步行也有助于提高心境状态。这些研究都支持了一次性体育锻炼后心境得到改善和提高的观点。

（2）焦虑水平会下降

焦虑是一种对当前或预计的威胁所反映出的恐惧和不安状态。通过一次性的体育锻炼可以降低当前的焦虑水平，有关这方面的诸多研究结果也说明了这一点。

（3）体育锻炼中可获得良好的情绪体验

①流畅体验。流畅体验是一种理想的内部体验状态。在这种状态中，从事体育活动的人忘我地投入运动中，充分体验着运动带来的乐趣和享受，生理和心理都处于一种非常协调的状态中，并对运动过程有充分的控制感。

②体育锻炼欣快感。在体育锻炼过程中出现了一种良好的欣快体验，从事跑步这项运动的人通常都有这样的共同体验，这在跑步运动中被称为"跑步者高潮"。从事其他一些运动的人也出现过这样的情绪体验，它通常是不可预料地出现于运动过程中，当时会感到良好的身心状态，自身与情境融为一体，身体轻松，忘却自我，感觉非常有活力，超越时空障碍。类似的情绪体验在游泳、自行车等运动中也被觉察到并得到了验证。

2. 长期体育锻炼所产生的情绪效应

（1）提高自我良好感

自我良好感是一种积极的情绪状态，这种状态的产生是基于对自我认识的结果，是指与积极参加锻炼有关的某种兴奋、自信和自尊的情绪与态度体验。有研究表明，自我良好感与体育锻炼有正相关关系，积极参加体育锻炼活动者比不参加者自我评价积极，其中女子较男子相关程度更高。这一正相关的原因可能是身体锻炼产生内心愉悦和乐趣的结果。体育锻炼对心理自我良好感产生积极影响的原因可能是多方面的，有生理的、心理的和社会的，或者三者综合作用的结果，其中消极情绪的减少和积极情绪的增加是自我良好感提高的重要原因之一。

（2）对焦虑、抑郁等消极情绪的调节和治疗作用

焦虑和抑郁是普通人遇到的两种最常见的情绪困扰。研究人员开展了一项研究内容为应激减少效应的实验。实验设应激免疫训练组和一个控制组。实验处理是让步行—慢跑组和应激免疫训练组每周参加一次 90 min 的有监控的训练，他们每周还进行两次自己的特殊技能训练，如此持续 10 周，结果发现：两个实验组的紧张状态焦虑和特质焦虑都显著下降，而且效果在实验结束后的 3 个月内也保持较好。研究表明，运动活动量必须长于 20 min，才能有效地降低焦虑；渐进性放松练习同体育锻炼一样可以有效地降低状态焦虑（波动的、暂时的焦虑状态）；体育锻炼比渐进性放松能更有效地降低特质焦虑（长期的、稳定的焦虑倾向）；无氧练习不能降低焦虑；长期的和一次性的有氧练习均可有效地降低状态焦虑；体育锻炼必须坚持 10 周以上，才可能有效地降低特质焦虑。

如果希望改善整体的情绪状况，最好采用有氧练习。

有氧练习可降低焦虑、抑郁；有氧练习对长期性的轻微到中度的焦虑症和抑郁症有治疗作用；锻炼者参加锻炼前的焦虑、抑郁程度越高，受益于体育锻炼的程度也越大；体育锻炼后，即使心血管功能没有提高，焦虑、抑郁程度也可能下降。慢跑、步行等中低强度的有氧运动，对治疗抑郁症和抗抑郁效果十分明显，能减轻症状，增强自信心。因为抑郁是以压抑为主导的消极情绪状态，而运动是以兴奋和充满活力为特点的积极情绪状态，因此抑郁者参与体育锻炼显然能产生积极的效应。体育活动还可以为郁积的各种消极情绪提供一个发泄的机会，使遭受挫折后的冲动通过运动转移和升华，避免心理障碍的产生。

从已有的研究来看，体育锻炼对焦虑和抑郁的调节治疗作用基本是可以确定的。一项调查显示，在美国 1750 名心理医生中，有 60% 的医生认为应将体育活动作为一种治疗手

段，即宣泄疗法来治疗焦虑症，80%的医生认为体育活动是治疗抑郁症的有效手段之一。尽管目前对一些心理疾病的病因以及体育活动有助于减缓和消除心理疾病的机制尚不完全清楚，但体育锻炼活动作为一种心理治疗手段在国外已得到广泛应用。

（3）体育锻炼能产生丰富的情绪体验，改善情绪状态

情绪是由客观事物与人们需要的关系所决定的。体育活动本身蕴藏着对人的各种刺激，如竞争、冒险、克服困难、把握机会、追求不确定结果、体验成功与挫折等，这些都会相应地引起人们的各种情绪体验，这是体育活动本身的特点所决定的，也是体育活动的魅力所在。

体育锻炼对情绪状态的改善常用于检查体育活动对心理健康的影响。体育锻炼对人的情绪状态具有短期效应和长期效应，短期情绪效应产生于活动过程中和活动结束后，能给锻炼者带来舒适和流畅的感觉——"体育锻炼的快感"。在这种状态下，人们能忘我地投身于运动中，并产生来自活动过程本身的直接兴趣和享受。

体育锻炼对情绪产生影响，情绪也同样会对体育锻炼产生一定的影响，二者的作用是相互的。如果带着某种消极的情绪去从事体育运动，运动中发生意外伤害事件的可能性就会增加，因此要在体育锻炼时做好情绪上的调整和状态唤醒，从而保证体育锻炼的顺利进行，使我们的生活多一些欢乐，少一些忧愁。

3.体育锻炼通过提高自信、自尊水平能够使个体提高积极的自我概念

自我概念是个体认识自己和定义自己的方式，客观合理的自我概念是保证个体与社会相适应的重要内部认识。自尊是通过自我评价所引起的情绪情感反应，高自尊的人会相信自己的力量和价值，拥有更积极的人生观念，自尊与幸福感情绪有重要的互动关系；低自尊常常会伴随着心理问题与不适，如抑郁、焦虑、恐惧等。其中有氧锻炼对提高自尊水平有较好的影响，每次持续锻炼 60 min，持续进行 12 周以上的中等强度的锻炼更为有效地提高了个体的自尊和自我概念。体育锻炼可以改善身体形象，提高身体自尊，这无论是从对性别的还是对年龄的研究来看，结果都是一致的。体育锻炼可以增加自我效能感，从而提高锻炼者的自信心。

（八）有助于个体个性的发展

个性是指个人在其生理和心理素质的基础上，在一定社会环境条件下，通过实践锻炼和陶冶，逐步形成的观念、态度、习惯和行为。它是一个人相对稳定的心理特征总和，包括性格、能力、气质、兴趣、爱好、经验和行动等。

体育锻炼能培养良好的个性，具体表现在自觉性、果断性、自制力和坚韧性等方面。其特点是：能够虚心听取别人的意见和建议，能够坚持真理；遇到困难、挫折、失败的时候，不逃避、不灰心丧气，能积极奋斗，争取胜利；在突遇紧急情况的时候能够保持清醒的头脑，当机立断作出自己的决定。一个人的个性正是在不断变化的复杂环境中逐渐形成的。

体育锻炼对个体的个性形成具有调整功能和约束作用。通过体育锻炼可形成正确的自

我认识、自我体验和自我改造。体育的自我意识感、群体约束感和主动积极感，激励着参与者的责任感；以约定俗成的道德规范着自己的行为，驱动着自己竭尽体力、技术和全部能力实现奋斗的目标。

二、促进心理健康的体育锻炼的建议

第一，多采用有氧练习，长时间有规律的有氧练习对心理健康具有重要作用，长期有规律的运动对心理健康的影响更加有效和持久，包括慢跑、游泳、有氧体操、健美训练、瑜伽、自行车、太极拳等运动。

第二，锻炼负荷强度：中等或低度的，锻炼时间每次持续 30 min 以上，锻炼频率每周 2 ～ 4 次。

第三，参与一些竞争性不强、以健身娱乐交往为主的体育锻炼活动，如集体舞、健身操、太极拳、长游、广播体操、户外运动等自控性的身体活动。

第四，面临具体事件短时间内的焦虑或紧张，可以采用有节奏的腹式呼吸活动，或深呼吸活动进行缓解，学会利用呼吸进行放松；或进行中等强度运动（大约每天消耗 150 卡的热量或每周消耗 1000 卡的热量）。

第四节　大学生心理健康与自我调整

世界卫生组织认为，影响人们心理健康水平的重要因素有三个方面：变化、贫困和老化。当今三分之二的疾病发生与人们的生活方式有关，一般在综合医院中，三分之二的疾病发生也与社会心理因素相关。大学生作为一个特殊的社会群体，有自己所面对的特定的环境和问题，如对新的学习环境与任务的适应问题、对专业的选择与学习的适应问题、理想与现实的冲突问题、人际关系的处理问题、学习与恋爱的矛盾问题以及对未来职业的选择问题，等等。如何使大学生避免或消除上述种种压力而造成的心理问题，以积极的、正常的心理状态去适应当前和发展的社会环境，预防精神疾病和心身疾病的发生，成为各高校迫切的需要和共同关注的问题。

一、大学生常见心理问题

心理问题是指一定时期内出现的认识、情绪、社会适应等方面的困扰，其伴随着一定程度的心理和行为变化，虽没有显著的躯体疾病症状，但这种变化影响着个人的生活状态。绝大多数人都会有产生心理问题的经历，但是多数个体能够通过自我认识和社会支持而得以消除，人们如无法自行调适或任由发展，心理问题就会变得较为严重，进而产生心理障碍，甚至是心理疾病。

实际上各种类型的心理问题，除了少部分是由于生理上的原因外，多数是由于对面临的现实和社会中的问题不能正确地认识和掌控而产生的压力所引起，压力与心理健康早已经成为心理学界的研究热点。调查显示，30% ~ 40% 的学生存在不同程度的心理问题，其中 10% 以上的学生存在严重的心理问题。

大学生的心理健康问题可以按不同的标准进行分类，如果按照产生的原因来分可以有以下几种。

（一）学业类问题

学习动机不强、学习目标不明确、学习能力障碍、学习成绩不良、学习压力、考试焦虑等。

（二）适应问题

自我认知失调、自我为中心、不能够客观看待自己和他人，环境适应能力低、无法适应大学的生活环境和社会环境。

（三）人际关系问题

人际关系不适、社交能力不良、个体性格内向、缺少朋友，无法处理与同学之间、师生之间的关系等。

（四）恋爱与性问题

异性交往困难、失恋、多角恋、性生理适应不良、同性恋倾向等。

（五）就业压力

毕业阶段面临着职业选择，事关人生事业的发展，面对严峻的就业竞争压力，产生长时间的焦虑、紧张、抑郁等情绪。

（六）网络成瘾

现代通信科技给大学生的生活方式带来了重要变化，网络已经成为大学生生活的重要组成部分。网络提供了全方位的资源，利用它可进行学习、人际交往、娱乐等各种活动。对于大学生而言，若使用不当则会产生对网络的依赖心理，进而使网络成瘾症发生的概率大大提高。

（七）家庭类问题

父母关系紧张或离异、单亲家庭、亲人离世、经济困难等。

二、常见的情绪障碍

情绪障碍是由于种种压力因素而产生抑郁、焦虑、悲观、无助感等心理体验，按心理方面出现症状来分可以分为自卑、焦虑、抑郁和强迫症等。

（一）自卑

自卑是人的一种不良自我意识，是一种自己轻视自己，认为自己不如别人的惭愧、羞怯、畏缩甚至心灰意冷的复杂情感。自卑感强的学生，往往看不到自己的长处和优势，处处觉得低人一等，无所作为，悲观失望，甚至对稍加努力即可完成的任务也自叹无能而轻易放弃。

（二）焦虑

焦虑是人类自身产生的一种保护性反应，是每个人都经历过的一种心态，也时常是破坏我们身心健康的因素。随着社会的进步与物质文明的发展，现代人会遇到越来越多的问题和挑战，焦虑产生的概率也越来越大。焦虑，是指内心因感受压力、冲突与矛盾而紧张，致使心情不能放松、不能平衡的一种非健康心理状态，通常表现为压抑、烦躁、不满、易怒、冲动、非理性等情绪或言行。

（三）抑郁

高校大学生因学习、生活、就业等压力的增大，以及失恋、心理失衡等原因，抑郁症的发病率明显上升，抑郁症已成为高校大学生心理健康方面的主要疾病。抑郁症可由各种原因引起，以显著而持久的心境低落为主要临床特征，且心境低落与其处境不相称，严重者可出现自杀念头和行为。一般来说，轻度的抑郁可以随着生活的变化或自我调节自行消失，但是如果长时间处于抑郁状态，就要引起警惕，必要应寻求帮助或治疗。

（四）强迫症

患者主观上感到某种不可抗拒和被迫无奈的观念、情绪、意向或行为存在，由于被一种强迫思维所困扰导致其在生活中反复出现强迫观念及强迫行为，个体自知力完好，知道这样是没有必要的，甚至很痛苦，却无法摆脱。比如有时会有一首歌老在脑海里响起；或者出门后总在担心房门是否忘记锁了，煤气是不是没关好，甚至会因此回家检查；或者不停地洗手等。一般来说，这种强迫现象程度轻微、持续时间短，不引起焦虑等情绪障碍的话，就是一种正常的表现，但是长时间发生并严重地影响了个人的正常生活，就发展为强迫症。

这种症状大多是由强烈而持久的精神因素及情绪体验诱发而来，与患者以往的遗传因素、个性特点、不良事件、应激因素、生活经历、精神创伤或幼年时期的遭遇等有一定的联系，尤其与个性特点紧密相关，比如过分追求完美、犹豫不决、谨小慎微、固执等。

三、心理问题产生的原因

（一）客观方面

与中学比，大学时期的学习、生活、人际关系都发生了很大变化。大学生活与中学生活的巨大差异成为产生心理问题的重要因素。

1.学习方面发生了变化

与中学相比，大学时期学习的任务、内容、方法均发生了变化，变得更加繁重、丰富、复杂，由此对大学生的学习能力和学习的自我管理能力提出了更严峻的挑战。

中学学的是简单的基础性知识，大学的学习内容多为精深的专业知识，中学要求完成基础知识的解题即可，大学不仅要求专业理论问题还要求专业实践问题。在大学，学习的任务繁重，每学期有多门课程要学习，对学习能力也提出新的要求，高中阶段的学习方式需要根据大学的学习内容进行积极的调整，大学生要有较强的自学能力，能独立地思考和解决问题。在此过程中，大一新生如果不能快速适应大学学习生活，就会产生由学习方面引发的心理问题。

2.生活方面发生了变化

与中学相比，大学时期的生活环境发生了变化。从自然环境到社会环境的变化，对大学生身心的适应能力提出了更高的要求。

进入大学后，班集体成为主要生活环境，宿舍成了主要的生活区，日常生活全要自理，这对那些平时习惯于依靠父母、家庭的人来说，确实是个难题。这种变化给他们带来了一定的精神压力。

3.人际关系发生了变化

与中学相比，大学时期的人际交往范围扩大了，人际关系变得更为复杂，由此对大学生的人际交往能力有了更高的要求。

中学时期居住得比较集中，从小学到中学，都有一些附近的同学、朋友和伙伴，师生之间非常熟悉。相似的语言、习俗，构成自己熟悉的生活环境。跨进大学，周围的人来自全国各地，语言、习俗各不相同。面对新的同学和教师，对年龄仅有十八九岁的新生来说，要迅速建立良好的人际关系是较为困难的，需要更好的人际交往能力才能适应。

（二）主观方面

1.自我意识的快速发展变化

大学阶段自我意识显著提高，对个人身心活动的认识逐渐清晰，包括对自己的自我观察、自我评价、自我情绪体验、自我控制等，但是一些学生的自我意识发展较慢，不能够正确而清楚地认识和看待自己与他人，产生认知偏差，从而无法适应大学的多元化的人际交往。

2.人格发展处于完善阶段

人格特征使某一类的人更容易产生心理健康问题，内向型人格学生更容易发生人际交往困难、抑郁等问题。

3.情绪管理能力（情商）需要进一步发展完善

情绪智力被定义为感知和表达情绪（比如理解他人的观点见解）、理解情绪（比如理解情感在友谊和婚姻中所扮演的角色)，以及调节情绪（比如能控制一个人的愤怒）的能力。其包括以下几个方面：形成情绪认知能力，包括将感觉从行为中分离出来的能力；管理情绪，能控制愤怒和焦虑，了解别人的情绪，比如能接受别人的观点，或者在别人表达他们的情感时，能敏感地把握住；处理关系，比如能够有效地处理人际关系方面的问题。

四、常用的心理问题的自我调适方法

（一）改变认知，去除不合理信念

人的情感与行为主要由其认知过程所决定，不合理信念引起错误的判断、推论，将导致病态的情感和行为。目前，临床已初步形成共识，心理问题或心理障碍的产生或多或少都包含认知的偏差和扭曲。因此，建立目标让思维变得更加理性，以积极的角度去看待问题，认清事情的正反两方面，同时运用理性思维和积极的自我对话来帮助减轻压力和心理困扰，是自我调适的一种方法。

可以采用理性情绪行为疗法来减轻压力，亦即减轻压力的 ABCDE 技术：

A.（事件）：引起压力反应的主要刺激；

B.（信念）：系统对 A 的非理性想法（伴随着具体的消极自我对话）；

C.（结果）：由 B 引起的消极身体、精神行为后果；

D.（辩论）：对 B 以更理性和更合理的信念与自我对话代替过程；

E.（评估）：辩论过程对 C 的效果，D 是否减少了 C。

（二）培养兴趣爱好，发展休闲活动

音乐、书法、体育锻炼、社团活动都有助于身心健康，有助于减轻心理上的压力和困扰。因此，发展更多的兴趣爱好，积极加入各种社团或参加体育锻炼，通过更好地享受生活来减轻压力和心理困扰，也是自我调适的一种方法。

（三）扩大人际交往、结交朋友，建立牢固的亲情和友谊

主动和亲朋好友交流谈心，获取心理的社会支持；亲情和友谊是维持正常心理健康的必要内容，在心理问题产生时，通常会在无形中从亲人、朋友身上得到社会支持。因此，建立多样化的社会关系，同样是一种心理健康的自我调适方法。

（四）学会自我管理的一些策略

当你感到被困住并且无法做任何事情时，尝试森田原则进行自我调适。

写下用于分析你的情绪的不合理的自我对话，用更合理的自我对话代替不合理的信念，告诉自己"感觉有挫折、不适、愤怒，甚至痛苦是正常的"。

做些建设性的事情：打扫房间、做 50 个俯卧撑、给很长时间没有通信的人写信，做完这些事情后，告诉自己"我的情绪不一定要控制我的行为，即使感到受挫，生气、难过或者痛苦，我也能做事情"。

（五）主动参加心理健康知识的学习

各高校都会提供一定的心理健康教育知识的课程，这些课程都会有针对性地讲授心理健康知识，开展辅导或咨询活动，帮助大学生树立心理健康意识，优化心理品质，增强心理调适能力和社会生活的适应能力，预防和缓解心理问题。大学生应处理好环境适应、自我管理、学习成才、人际交往、交友恋爱、求职择业、人格发展和情绪调节等方面的困惑；

积极参与到心理健康课程的学习中来，学会必要的心理学知识和心理问题的调整技巧，在学习过程中结交专业的心理教师，更多的新同学、新朋友。心理学知识的增长有助于大学生寻找合适的方式和解决办法来处理自己面对的学业、恋爱、冲突、就业等方面的心理困扰。

（六）转移注意力

转移注意力是一个较好的短期的心理调整方法，这种转移可以把精神和思想转移到其他事情上，暂时忘掉当前的心理困扰。例如听音乐，参加运动，结伴旅游，找朋友聊天、打牌、看电影或演出等，这些方法对暂时的、轻度的心理问题具有一定的调节作用。

例如听音乐，心情低沉时可选择轻松活泼的，焦虑时可选择轻柔舒缓的，抑郁时可选择节奏欢快的。

（七）呼吸调整法

呼吸调整是短时间内调整情绪非常有效的一种方法，深而稳定的呼吸对于平和心态、消除暂时的紧张和焦虑有显著作用，可以轻移注意力，降低大脑兴奋水平，减弱交感神经活动，使心率、血压、乳酸含量下降，短时间内有利于消除焦虑和紧张情绪。

第一，选取一个舒适的位置，坐或躺下来，闭上眼睛，选择舒适姿势，全身放松，调整呼吸。

第二，开始慢慢地呼吸，每次呼气与吸气的时候数数，从一数到三，以维持慢而有规律的呼吸模式。

第三，伸展四肢与呼吸相结合，可以获得更大的放松，并减少焦虑。例如，吸气的时候，手臂向上伸，呼气的时候，手臂向下放。

第四，进行这种锻炼 5 ~ 15 min。

（八）参加愉快的活动和运用幽默

当遇到棘手的情况或创伤事件时，压抑就会影响与人的交流，此时参加愉快的活动和运用幽默，能够使人更加外向，积极应对压力。

以上所介绍的一些心理调整方法，具有较为广泛而深入的实用效果，并已经被运动心理学家们所证实，这些方法的掌握对于心理健康具有重要的作用。当面临轻度的心理问题时，人们可以自行选择方法去缓解，从而摆脱困境，恢复正常的生活。以上方法在运用时，可以有针对性地选择，但是研究结果证明，多种策略的组合应用对于问题的解决更加有效。

第八章　大学生主体性发展探索

第一节　大学生主体性发展的基本内涵

关于培养什么样的人，是教育领域一直不懈研究的历史课题，从第一部分的理论溯源内容可以总结出：首先要将大学生培养成一个人，一个主体性发展的人。在主体性发展的人的基础上再加强和改进大学生思想政治教育，提高他们的思想政治素质，把他们培养成中国特色社会主义事业的建设者和接班人，其次才能谈全面实施科教兴国和人才强国战略，才能谈确保我国在激烈的国际竞争中始终立于不败之地，才能谈确保实现全面建设成小康社会、加快推进社会主义现代化的宏伟目标，最后才能谈确保中国特色社会主义事业兴旺发达、后继有人。

因此，引导大学生主体性发展是人才培养的前提和基础，是高校思想政治教育工作的着力点，是教育工作者和教育研究者的目标。

虽然主体性概念具有重要、深远的意义，但是关于主体性概念的具体特征却存在不同的认识。在教育领域，有学者认为，学生的主体性就是学生的自主性、独特性、能动性、整体性和创造性；有学者认为，学生的主体性表现为"为我"性、自主性、能动性和创造性；有学者提出，我们期望培养和弘扬的主体性概括起来有社会性、自主性、能动性、创造性；在哲学领域，有学者把主体性理解为主体的自主性、主观性和自为性的统一；有学者将主体性主要概括为自觉活动，其中包含自立性、自为性、自主性和能动性等。这些不同的观点在以不同的方式对主体性进行解读，其中有相似之处，也有不同的地方。其中，有学者对主体性的有关论述进行了详细的解读与概括，还原了一个较为清晰的主体性图景，并提出了其教育影响。主体性概念可以概括为以下三个主要方面。

一、自主性——关于自主性、自立性、自由性

自主性、自立性、自由性实为同一含义的概念，是人成为主体的前提和基础，也就是人在与客体相互作用中表现出的主人性，是人作为主体能自由、独立行使和支配自己的权利的特性，他有这种观念、意识，并有这种能力。作为活动主体，是活动的主人，能够自

由根据自己的意志进行改造客体的活动，其工具可以是自然生存条件、社会生存条件以及自我的生理、心理潜能，自我的情感和意志，其主体活动表现为对自然、社会和自身本质的把握和占有。

二、主动性关于为我性、自为性、主观性、选择性、自觉性

为我性、自为性、主观性、选择性、自觉性是几个彼此缠绕的概念，使用主动性能更好地表达其内在的实质。所谓主动性，就是指主体自觉主动地从事自己的活动，目的是为满足自己的需要。在活动中，主体要从自身的现实情况和客观实际出发，选择活动的客体、条件、过程。主动性意味着主体的自觉，会积极努力地行动，对客体信息进行选择、加工、分析和推断。此外，主动性也意味着自主性的发展与延续，知道作为主体应当如何行动是对自主性的进一步阐释，或者说，自主性和主动性在实际活动中是密不可分的，前者区分主客体，后者为主客体提供实践的可能。

三、创造性——关于创造性与能动性

能动性是主体性的集中表现，二者在内涵上是一致的、同一的，主体性就是主体的能动性，能动性是对主体性的总体描述和概括。自主性、主动性、创造性都包含在能动性之中，创造性是主体性内涵中的一个组成部分，是主体性的一个特征。此外，创造性最能展现主体的主体性特征，也只有在对客体的主体改造中才能发生创造性的活动。可以说，创造性是主体性最为独特的性质。

重视人的主体性发展，简单来说，就是需要做到"以人为本"。"以人为本"的基本精神是正确认识和充分尊重"人"的主体地位，充分发挥人的主体能动性和创造性，实现"人"作为实践主体、历史主体和价值主体的目标和意义。在教育领域中，"以人为本"的基本精神表现为"以学生为本"的生本理念。生本理念不仅是教育从"以教师为中心"到"以学生为中心"的观念转变的产物，也是教育作为发展人的活动的根本诉求。生本理念要求将学生视为学校的主体，从学生的根本利益出发，充分考虑学生的个体差异，以学生的发展作为首要目标。

生本理念下高校学生工作体系主要是将以学生为本的理念渗透到体系的目标定位、组织建构、运行实施、保障机制四大要素之中，同时通过四大要素的相互作用、相互联系形成一个整体。从本质上说，生本观念即是对学生主体性发展的概括，二者并无本质上的区别，由此不难总结出大学生主体性发展在具体情境之下的基本目标与特征。

马克思将人的全面发展概括为三个方面：一是人的活动特别是人的劳动活动及其能力的全面发展；二是人的社会关系的全面丰富、社会交往的普遍性和人对社会关系的全面占有与共同控制；三是人的素质的全面提高和个性的自由发展。具体对应到教育情境之中，大学生的全面发展应该包括三个方面：一是专业技巧和能力的发展，大学生需要全面发展

自己的智力、体力，按照自己的天赋、特点、爱好，自由地选择专业领域，发挥自身能力与特质，努力掌握现代科学文化知识和专业技能，成长为专业人才，从事实践劳动，积极锻炼身体，增进身心健康；二是社会性的发展，大学生需要融入社会，积极发展个人的社会交往能力、适应社会的能力，关注社会进步，培养自己的社会责任感；三是素质的提高与个性的发展，大学生需要遵守公民道德规范，培养良好的道德品质和行为习惯，提高个人修养，培养审美情趣。

大学生主体性发展的基本目标，即完成大学生全面自由发展的过程，解放大学生的主体性，使每个大学生能够充分实现主体能力的解放，自主地、主动地、创造性地完成发展的需求，全面地、充分地、自由地发展主体能力。人的发展是一个历史过程，人的自由而全面的发展也是人的发展以及社会发展的最高目标。要做到人的全面发展就必须尊重人的主体性，使人自主地、主动地、创造性地发展自身的潜能。

在大学期间，大学生主体性发展重点是根据大学生的现实需求，能够自主地、主动地、创造性地提升主体能力，本书主要探讨大学生社会实践力的培养、就业竞争力的提升、创新创业力的开发以及领导力的建构发展，这些部分属于大学生主体能力，在提升主体能力的过程中，会强化主体意识和主体地位，会增强主体交往，促进大学生的全面发展，使之成为一个主体性的人。

第二节　大学生主体性发展的推动者

在当前全员育人的背景下，培养大学生主体性发展，应该是人人有责，承担大学生教育发展的每个人都应该守好一段渠、种好责任田。高校中，辅导员是大学生的知心朋友和人生导师，担负着将大学生培养成为社会主义合格建设者和可靠接班人的育人使命。从大学生主体性发展、成长的角度来讲，高校辅导员与大学生朝夕相处，能够以身示范，为大学生成长树立标杆；能够为学生成长搭建平台，锻炼其主体能力；能够通过活动融入大学生，促进其主体意识和主体关系的发展。因此，高校辅导员应该是大学生主体性发展、成长的重要推动者。

一、做以身示范的好辅导员

高校辅导员是高校教师队伍的重要组成部分，作为高校辅导员，也应以相关的讲话精神为指导，结合工作实际，努力做一名党和学生满意的好辅导员。

要讲政治，有理想信念。自从 1953 年在清华大学、北京大学试点设立辅导员以来，辅导员就承担起了党的政治工作，是学生"政治领路人"的角色。所以辅导员在工作中最重要的一点是要讲政治，有坚定的政治立场，能够时刻与党中央保持一致。辅导员要有坚定的理想信念，做中国特色社会主义的坚定信仰者和忠实实践者，强化对核心价值观的认知、认同和践行，增强道路自信、理论自信、制度自信和文化自信。辅导员作为大学生健康成长的指导者和引路人，只有自身做到讲政治、有理想信念、有追求、有梦想，才能成为大学生的指路明灯，才能帮助大学生筑梦、追梦和圆梦，才能塑造大学生的灵魂和生命。

要讲使命，有道德情操。辅导员是大学生思想政治教育工作的骨干力量，担负着培养社会主义合格建设者和可靠接班人的使命，承载着维护高校和社会稳定的责任，承担着保证高等教育事业持续、健康、快速发展的任务。担负使命，立德树人，要求辅导员率先垂范，以身作则，不断增强综合能力，提高自身修养，提升人生品质和魅力；要求辅导员以德立身、以德施教，以德感染学生、教化学生，成为学生道德修养的模范；要求辅导员发扬优良的工作作风，做到"纪律严、作风正"，处处体现为人师表的品德风范，以人格魅力引导学生的心灵。因此，辅导员要时刻牢记以德树人的使命，严格要求自我，提升道德修养。

要讲业务，有广博学识。辅导员在高校中不仅发挥着思想政治教育的功能，还承担着班级管理和辅导咨询等多方面的工作，这就要求辅导员要具备扎实、深厚的业务素养，能够不断适应新的形势、胜任新的任务，能够始终具有强大的战斗力，做到"站起来能讲，坐下来能写，静下来能思，跑出去能干"，各项工作做到"业务精"，向职业化、专家化方向发展。辅导员要始终处于学习状态，广泛涉猎多领域知识，不断充实、拓展和提高自己。

要讲奉献，有仁爱之心。教师常被喻为"春蚕""蜡烛""园丁"，标志着教师的工作需要奉献，辅导员是教师中的一员，更应该"甘当人梯，甘当铺路"。辅导员的工作事无巨细，从学生入校一直到离校都需要辅导员的倾心投入，需要辅导员有"捧着一颗心来，不带半根草去"的奉献精神，有"两眼一睁，忙到熄灯；两眼一闭，提高警惕"的投入精神，有"微笑面对，笑脸相迎"的服务精神。辅导员是大学生的人生导师和知心朋友，要求辅导员用爱培育爱、激发爱、传播爱，用心灵陪伴心灵，用青春点燃青春，用梦想照亮梦想。因此，辅导员要无私倾注自己的情感和爱，关注每一名大学生的成长，欣赏每一名大学生的付出，分享每一名大学生的喜悦。

辅导员寄托着党的厚望，承担着人民的重托，搭载着学生的梦想。根据十六号文件的要求，辅导员担负着对大学生思想政治教育的使命，同时要承担指导大学生思想、学习和生活的职责。为了做到让党、人民和学生满意，辅导员要努力做到讲政治、讲使命、讲业务、讲奉献的"四讲"好辅导员，努力做有理想信念、有道德情操、有广博知识、有仁爱之心的"四有"好辅导员。

二、辅导员工作的实践探索

高校辅导员在日常工作中承担着大量事务性工作，包括新生入学教育、党建工作、团建工作、社团活动和班级活动的指导、心理健康教育、就业与创业指导、生涯规划、毕业教育等，推动大学生主体性发展就是在辅导员事无巨细的日常工作开展过程中进行的。因此，辅导员作为大学生主体性发展的推动者，应该心中牢记责任与使命，将意识与思想"润物细无声"地带入大学生的头脑。

（一）开展深度辅导，了解学生，解决学生问题

大学生无论是本科生还是硕士生，进入大学就标志他们人生步入了一个新的台阶，无论所处环境还是身心期望方面，都发生了很大变化，同时在踏入大学的那一刻起，便伴随出现了很多迷茫和困惑的问题。因此，在新生入学后，帮助他们正确理解大学、适应大学生活非常重要。这个阶段，辅导员开展深度辅导是必不可少的内容，也是缓解学生新环境焦虑的最好办法。

（二）强化朋辈互助，服务学生，发挥榜样力量

辅导员个人的力量是极其有限的，不仅体现在时间的分布上，更体现在知识的储备上，还体现在时代的局限性上，所以，辅导员要学会借力打力，发挥朋辈的力量，发挥先进榜样的作用。

（三）利用新型媒体，深入学生，引导思想动态

当前处于信息化时代、自媒体时代，辅导员的思想政治教育工作面临着新挑战，工作阵地也要向网络平台转移，辅导员要有掌控网络阵地的意识，要有信息化素养。通过网络思想政治教育，深入学生，倾听学生网络媒体的发声，尊重学生的主体地位，关注学生的思想动态，引导学生的主体意识。

（四）重视社会实践，发展学生，增强实践能力

大学生社会实践是大学生按照学校培养目标的要求，有计划、有组织地参与社会政治、经济、文化生活的教育活动，是大学生思想政治教育的重要环节，是与第一课堂的有机结合，对于促进大学生了解社会、了解国情，增长才干、奉献社会，锻炼毅力、培养品格、增强社会责任感等具有不可替代的作用。社会实践是促进大学生发展的主要途径，同时社会实践的最终目的也是为了大学生的主体性发展。作为辅导员，要重视大学生实践能力的提升，首先向学生讲清社会实践的重要性，要求学生将社会实践与第一课堂紧密结合起来，鼓励学生参与寒假返乡调研、暑假支教调研、周末打工子弟学校志愿服务等活动。

（五）理论联系实践，研究学生，提升自身素质

辅导员的工作不仅仅是日常事务的工作，还有更重要的研究工作。如果仅限于日常事务工作，辅导员工作就会脱离学生，与大学生的代沟会越来越深，我们的工作也会变得更被动、死板和盲目。辅导员工作定位除了是事务性工作者外，更要成为教育实践者、教育研究者和教育创新者。首先从自己所负责的就业与创业工作、社会实践工作入手进行研究，对自己所带班级的管理工作、学生发展工作进行研究。

三、促进大学生主体性发展的理念与行动

高校辅导员作为大学生主体性发展成长的推动者，除了在日常工作中有意识地推动学生主体性发展，同时也要培养自己的育人理念，摸索自己的工作方式方法，要全程、全时段、全方位地将主体性发展理论应用起来。

（一）快乐成才的新生入学教育

大学一年级是学生发展的重要阶段，也是大部分学生个体正式迈出家庭、初步走向社会的重要转折点。对于学生个体而言，这个阶段的学生心理、思想和行为将在很大程度上影响学生大学期间甚至是一生的发展，因此，做好新生入学教育至关重要。

入学教育重点在于帮助新生养成良好的学习和生活习惯，帮助新生完成自我的重新审视和正确定位，帮助新生建成一个团结友爱、和谐互助、共同成长的班集体。最终通过开展不同内容的讲座和形式各样的课外活动，提升新生的交际、学习、自我管理、团队合作等方面的能力，发掘新生的自身潜能，开阔新生的国际化视野，培养新生对所在学校以及院系高度的认同感和荣誉感，增强新生的社会责任感和使命感，树立自我潜力拓展意识和社会的感恩意识等。

（二）别出心裁的大学寒假作业

1.回报父母情：给父母写封家书，带一份小礼物，寒假期间给父母洗一次脚

每个孩子的成长之路都饱含了父母太多的辛劳和太久的期盼，而今孩子已经在大学里成长半学期，父母十分期望他们能够有质的飞跃和情的回报。因此，要求每个学生以书信的方式向父母汇报上大学后的收获，并表达对父母的感激之情。很多学生是第一次真正写信，更是第一次给父母写信，也是第一次真心坦诚地与父母交流，说出了他们平素想说却不敢说的心里话。同时要求他们在条件允许的情况下给父母带份小礼物，不必太贵重，能够代表儿女的心意就可以，既不让父母担心破费过多，又能够感受到儿女对自己的关心。还要求他们在假期给父母洗一次脚，这个作业可以说是很难完成的，也许有人一辈子都没有给父母洗过脚，给父母洗脚算是给予父母含辛茹苦养育我们的一点回报，对父母承担家庭重担的一点理解。

2.增进师生情：安全到家后给班主任教师发条短信，返校后与教师深入交流

要求学生们到家后给班主任教师发条短信报平安，一是了解每个学生的回家情况；二是顺便传达对学生父母的美好祝福。要求同学们返校后主动与教师深入交流，以此了解他们的假期生活以及家庭情况，最主要的是通过面对面的交流，增进师生的感情。

3.深入家乡情：回家后认真做好家乡家庭调研活动，返校后与同学们分享

家乡，生我养我的地方；家庭，呵护我成长的港湾。不管那里是否贫穷落后，是否温馨浓浓，都应该是我们值得付出深爱的地方，因为那里有游子的心。要求同学们做三分钟的家乡和家庭展示，一是以此来加深对家乡和家庭的了解和热爱；二是以此督促大家对家

乡进行深入调研；三是以此提高大家上台展示自我的能力。

4. 建立班级情：设计自己心中的班旗班徽，联系支教点

要让班级成为一个团结友爱、融洽和谐、积极向上的班集体，成为一个有着巨大凝聚力、向心力和战斗力的班集体。通过设计班旗班徽活动，增强学生们对班集体的归属感；暑期带领学生们一起出去支教，通过学生们自主联系暑期支教地点，培养大家主动参与社会实践的意识。所有的要求都是以强大的班集体为后盾的，都是以建立好班集体为目标的。

5. 树立自我情：认真思考总结上学期得失，规划人生远近目标，并与教师交流

大学生基本都进入了成人阶段，离开了父母的怀抱开始独立思考自己的人生，并对自己负责，追寻自己的梦想。经过一学期的大学生活，每个学生的适应能力不同，大学收获也有很大不同。大学之初的起跑线相同，但是最终的毕业表现却有很大差距。"君子博学而日参省乎己，则知明而行无过矣"，不断地反省、总结、思考，对我们每个人都是十分必要的，要求他们把对自己的反省以及远近的人生目标形成书面语言通过电子邮件发给班主任教师。一是督促他们形成自我反思、规划的意识；二是帮助他们建立人生成长档案；三是指导个别有错误倾向的学生尽快改进。

（三）深度辅导，守望学生成长

随着社会形势的急剧变化，高校大学生在思想、学业、生活、情感等方面呈现出了新的特点，对高校辅导员做好大学生的思想政治教育工作提出了新的要求。《中共中央国务院关于进一步加强和改进大学生思想政治教育的意见》颁布实施以来，虽然高校辅导员队伍的职业化和专业化建设有了质的飞跃，但在高校辅导员队伍建设过程中也暴露出一些新的、深层次的问题。高校辅导员在针对学生开展深度辅导的实践中面临着许多困惑和矛盾，很重要的感受是力不从心，即使是达到了文件所规定的要求，但是离自己心中的目标还差之甚远，并不是"跳一跳就够得到的"。

1. 开展深度辅导的要求

高校辅导员是开展大学生思想政治教育的骨干力量，各高校辅导员为落实教育部下发的《普通高等学校辅导员队伍建设规定》，不断创新工作模式与方法，与时俱进地改进大学生思想政治教育工作，"深度辅导"应运而生，成为高等教育多元化和创新人才培养的重要举措，并已经逐渐发展成高校辅导员与学生之间深入交流的新型互动模式。北京市委教育工委明确把"确保每名学生每年都能得到至少一次有针对性的深度辅导"作为辅导员工作的一项具体要求。

"深度辅导"是指辅导员深入、动态地了解学生，根据学生成长发展需求，有针对性地采取措施，帮助学生解决问题的过程，深度辅导要求辅导员运用科学的知识和方法，有目的地对学生进行思想、学业、情感、心理等方面的深层次辅导。从"深度辅导"的概念界定来看，深度辅导并不是简单意义上的师生聊天和谈心，而是有着很高专业化、科学化要求的思想政治教育活动，是一种心灵与心灵的沟通，智慧与智慧的交流，灵魂与灵魂的

体验。

深度辅导并不是一项简单的工作，要真正做到有深度、高质量，对高校辅导员以及辅导环境都提出了比较高的要求。辅导员首先要具备高度负责的工作精神，一定要把它作为自己的一项事业去做，而不只是一项工作；其次，要具备扎实的专业知识，掌握系统的心理咨询、职业指导、生涯规划方面的专业知识；再次，要具备良好的人际交往沟通能力，能够做到以情感人、以理服人，成为学生的知心朋友；最后，还要具备良好的心理素质，能够应对各种突发事件。除此以外，辅导员还要有创新精神、法律意识和团队合作意识，更要处理好深度辅导工作和其他工作之间的关系，更要注重自身专业化的发展。

2.深度辅导所面临的问题

高校辅导员的工作是一项研究人、影响人、改变人的工作，是一项无止境的工作，需要个人全身心地付出，将其作为自己的终身事业去做，需要不断地通过学习去补充自己、完善自己，不断地深入学生，去发现问题、解决问题。当前，辅导员面临着很多的困惑和矛盾。

（1）辅导员专业化不强

当前，大学生在思想道德、学习就业、生活适应、心理健康、人际关系等方面都存在诸多困惑，这些都是高校辅导员应该进行深度辅导的内容，如果这些问题处理不好，会直接影响到他们的健康成长，所以需要辅导员以专业化的知识和技能对学生进行科学、有效的引导，帮助学生有针对性地解决问题。可是，高校辅导员做学生辅导时大多局限于自己的工作经验，远没有达到专业化、专家化的水平和要求，对学生心理咨询、就业指导和职业生涯规划专业知识了解较少。心理、就业、职业生涯指导，还有学生所学专业，任何一个领域都是一个庞大的体系，单是把这些知识框架搭建起来都需要很长一段时间，更不必说精通所有领域了。深度辅导需要辅导员不断地去学习，通过实践、学习交流和各种专业知识培训来积累经验，但是这方面的交流学习、实践和理论培训又比较少，无法满足深度辅导的需求。

（2）辅导员队伍不稳定

高校辅导员工作是一项烦琐而事无巨细的工作，是一个工作量大、责任重大而待遇相对较低的岗位，直接导致了辅导员队伍稳定性差、流动性快的局面，这十分不利于深度辅导工作的开展。一是辅导员队伍年轻化，工作经验不足，对学生深度辅导说服力不够；二是辅导员队伍不稳定，流动性快，不利于与学生建立长期信任关系，这两点均不利于开展深度辅导工作。做好深度辅导工作，首先要和学生建立良好的信任和互动关系，除了要进行不止一次的深入辅导之外，还要定期进行后续的跟踪反馈，需要付出较多的时间和精力。要与学生建立良好的信任关系，甚至要形成可信任的良好形象，如"知心姐姐""知心哥哥"等，否则辅导工作很难深入，不能从根本上解决学生的苦恼问题。目前，一些高校选拔优秀本科毕业生留校做辅导员，担任班主任工作，两年之后开始读研究生。还有一部分高校是由在校研究生担任低年级辅导员，这部分辅导员是辅导员队伍中最不稳定的一部分，绝大部分是两年之后就不再带班，班级再交由另外一个教师管理。甚至有的本科生班大学四年换了三四个班主任，每个班主任都认不全自己班上的学生，有的学生也记不清谁是班主任。如此这般，深入辅导开展的数量和质量都难以保证。

（3）辅导员角色定位不准

在不同的历史时期，高校辅导员工作有其不同特点，但是高校辅导员始终承担的是思想政治教育的角色。而当今随着高校学生事务管理内容的增多，工作任务加重，在一定程度上导致辅导员深陷繁重而琐碎的学生事务之中，更严重的是部分辅导员被学院和学校的行政事务占去了大部分时间和精力，严重削弱了其自身承担的德育功能。辅导员长期重复地做一些"低层次"工作，会严重影响其业务水平和辅导能力的提高，将使辅导员的定位混淆不清，丧失其在学校的地位和存在的价值，最终使辅导员无法对学生进行深入辅导。高校辅导员是思想政治教育者，首要的职责是"辅导员"，而非领导的"行政秘书"，当然也不是学生的"保姆"，首要的工作是"辅导""深度辅导"，而非整天陷入各种事务性工作中去。在深入辅导工作中投入的时间和精力以及愿意程度将直接决定深度辅导的质量和数量。深度辅导工作的出发点和落脚点是尽可能地帮助学生解决困难，要真正达到有"广度、深度、精度"，因材施教，关注学生个性发展，促进学生全面成长，首先需要辅导员明确自身的定位。

（4）深度辅导工作氛围差

绝大部分高校专职辅导员人数不足，远没有达到国家规定的 1 ∶ 200 的比例。部分高校大院系学生近两千人，专职辅导员只有三四个人，不可能保障深度辅导做到全员覆盖，不得不依靠班主任、导师等师资力量开展工作。同时，对辅导教师开展深度辅导的激励、保障措施十分有限，约束机制比较弱，较大程度上依靠教师的职业道德与个人自律来开展工作，没有制度保障，单靠教师热情很难保证深度辅导的质量。

3.针对深度辅导的保障机制

要保证深度辅导工作的顺利开展，除了高校辅导员自身要加强责任感和使命感，加大时间和精力的投入，增强学习的意识，不断提升综合素质之外，更重要的是学校要为深度辅导提供制度、队伍、合力等多方面的管理和支持。

（1）建立健全培训和交流机制，提升辅导员专业化水平

深度辅导是一项专业技术性工作，辅导内容涉及学生思想、学业、生活和情感等多方面，对辅导员的知识面、专业技能都有比较高的要求，需要辅导员掌握专业领域知识和专业技术。学校应建立健全培训机制，在培训时间上，贯穿辅导员职业生涯全程；在培训内容上，针对本校学生专业特点开展针对性培训，同时强化心理咨询、就业指导、生涯规划方面的技能技巧，全方位、有重点地提高辅导员的能力水平。通过培训能够帮助辅导员建构专业知识方面的理论框架，提升实际解决问题的能力和技巧。学校还应建立健全交流机

制，定期举办专题交流会、研讨会、案例分析会等，举办覆盖面较广的深度辅导经验交流会、观摩会、角色扮演等，为辅导员提供交流学习的平台。

（2）建立健全激励和督查机制，推动深度辅导可持续发展

为进一步加强和改进深度辅导工作，学校应该结合本校实际，完善深度辅导工作指导细则和执行标准，建立健全激励和督察制度，定期督导和抽查辅导员深度辅导工作开展情况，并在辅导员年度考核中，把深度辅导的落实情况作为确定考核结果的重要指标。深度辅导工作的记录可以多样化，比如学生谈话录音、QQ或微信聊天记录、邮件往来、辅导后反思记录等都可以作为检查的重要内容，同时让学生参与到辅导员的年度考核中来，并且要让学生的评价占主要部分。可以开展评选校级或者院系的优秀辅导员、十佳辅导员等多种方式来加强辅导员的工作动力。针对深度辅导工作做得好的辅导员应给予荣誉和物质上的奖励，并组织召开学习经验交流会；针对深度辅导工作开展得较差的辅导员要给予警告和批评，督促辅导员真抓实干，把深度辅导落到实处。

（3）加强辅导员队伍建设，保持队伍的稳定性，明确职责定位

辅导员队伍建设是开展深度辅导的前提和基础。首先要在数量上充实辅导员队伍，就是说要根据中央文件的要求，按照师生比1：200的比例充实辅导员队伍。当然，不只是满足数量上的要求，整合学校内外多方面的力量，使更多的教师、学生干部甚至是退休老教师、优秀毕业生都可以进入辅导员的行列，促进全员育人、全社会育人的实现。要保持辅导员队伍的稳定性，成为一名优秀的辅导员需要长达几年的工作经验和岗位知识积累，带一届学生同样需要三四年的时间。为了保证深度辅导的可持续和质量，至少应该让辅导员带完一届学生，而非一届学生换好几个辅导员，最好是辅导员入职带班签订相关协议。另外，一定要明确辅导员的工作职责，明确辅导员的岗位定位，最大限度地减少辅导员辅导工作之外的工作量，给辅导员留出自我充电的时间，尽量避免辅导员完全陷入事务性、行政性的琐碎工作当中去，要为辅导员留足做好深度辅导工作的时间和精力，保证深度辅导的效果。

（4）建立保障机制，形成深度辅导合力

要做好深度辅导工作，除了加强辅导员队伍建设之外，还要为辅导员工作的开展做好保障工作。比如提供必要的资金支持，提供深度辅导的工作场所等。据多数辅导员反映，每年按学生人头给辅导员发放的津贴都不够请学生吃饭、参加学生活动的，辅导员经常自己掏腰包，如果遇上一个问题学生进行多次深度辅导更是如此。大多数辅导员还反映深度辅导没有合适的场所，建议建立温馨、私密性的生活指导室或者交流谈心室。为提升深度辅导的数量和质量，即使按照国家规定配备了专职辅导员，单靠辅导员队伍也是远远不够的，应该形成一个深度辅导合力机制，应该充分调动班主任、导师、学生干部等力量共同投入到深度辅导工作中来，甚至可以返聘已经退休的老教师，充分发挥教师们各自专业特长和经验优势。针对辅导员、班主任和导师难以解决的学生问题，还应该将心理咨询中心、

就业指导中心等单位纳入深度辅导的体系中来，发挥这些机构的优势力量，做好突发事件的预警机制，确立定期排查和跟踪反馈问题学生机制，利于形成全员育人的良好氛围。可以根据学生的具体问题情况实行分类、分等级，按照问题的轻重缓急和种类进行划分，形成一定的处理程序机制和指导手册，便于更加深入地开展辅导工作。

深度辅导是辅导员工作的新模式，是思想政治教育精细化的过程，也是全员育人的系统过程。在实践过程中，需要辅导员全身心地投入，通过自己的热情和专业化水平走进学生、融入学生，更需要学校做好后勤保障工作，形成合力，全员参与，通过深度辅导将思想教育融入学生发展过程中。

第三节　学校组织中的大学生主体性发展

班级是大学生的基本组织形式，是大学生自我教育、自我管理、自我服务的主要组织载体。团支部是高校共青团工作的基础，与广大学生团员保持着最直接、最广泛的联系，肩负着团结教育青年学生的重任。在高校中，大学生基本上都是共青团员，为了便于教育管理服务，班级和团支部往往建在一起，统称班团组织，由辅导员（班主任）指导班干部和团干部加强班团组织建设。

一、大学生主体性发展的特点

根据众多学者的研究，大学生的主体性是指大学生在学习、生活、班团组织管理、学生活动以及社会性交往中的主观能动性，具体包括能动性、独立性、选择性、创造性、自我意识性。而主体性发展还可以从主体意识、主体地位、主体能力和主体关系四个方面进行剖析。

（一）大学生主体意识觉醒，缺乏主动性

主体意识是作为主体的大学生对于自己的主体地位、主体能力和主体价值的一种自觉意识。只有大学生认识到自身所具备的主体权利，才能够真正在高校中确立自身的主体地位，也才能够充分发挥自身的主动性。在当代全球化背景下，新媒体迅速发展，多种文化交融在一起，多种文明相互冲突，大学生的主体意识开始觉醒，不再"谨遵教诲"，教师的"一言堂"已经无法灌输给学生，大学生有了自己的主见，不再轻易相信什么、遵循什么，而是有了自己的判断和选择。部分大学生对主体意识也有片面理解，将主体意识完全等同于自我意识，将主体性的发挥视为个性的张扬。在大学生主体意识觉醒的阶段，进一步加强大学生思想政治教育工作非常重要。

主动性是指个体按照自己规定或设置的目标行动，而不依赖外力推动的行为品质。主

动性是主体意识觉醒的催化剂，能够帮助主体意识朝着正确的方向养成。大学生的主动性主要表现在对学习的适应和选择的能动性上。高等教育为学生提供各种便利条件和资源，学生可以根据自己的需要，选择教学内容、教师、教学时段等。例如大学实行选课制度，学生可以根据自身兴趣，选择相关课程或者跨专业选课等，但是由于学生长期受传统教育的影响，对教师的依赖性太强，仅仅依靠教师及相关工作人员的指导，学生的主动性很难得到适当的发挥，学生的选择也可能缺乏科学性。

（二）大学生主体地位崛起，缺乏自主性

随着当前高等教育的改革和发展，教育治理体系和治理能力的现代化加快推进，高等教育坚持"以学生为主体"，构建"以学生为主体"的高等教育体系，学生成为高校治理体系的主体之一。大学生既是接受教育的主体，也是探求知识的主体；既是接受管理的主体，也是参与管理的主体；既是高等教育消费的主体，也是享受高等教育服务的主体。随着大学生主体意识的觉醒，主体地位也随之崛起。不管是从国家层面还是学校层面，大学生的主体地位都受到了同样的高度重视。大学生主体地位的崛起，利于形成良好的教育氛围，利于大学生主体性的发展，利于大学生主体价值的实现。

然而，学生具有主体地位，却不具备一定的自主性。大学生的自主性是指学生在高校中的主体权利，具有主体意识，获得主体地位，发挥主体作用，形成主体品质。所谓自主性就是学生能够根据自身需求和条件，合理地安排自己的学习和生活，以寻求更好的发展机会和条件。大学生的自主性可以分为两个方面：

第一，在学习过程中，学生能够自主确定学习目标、自主制订学习计划、自主选择学习方式方法、自我监控和调节学习进展、自主检测和评定学习结果等。部分大学生缺乏生涯规划，甚至沉溺于电子游戏中，存在学业问题，最终被退学或者肄业。

第二，在生活中，学生能够自主地安排自己的日常生活，成为一个独立生活的人，但因为大学生上大学之前只关注学习，没有养成独立自主的能力，生活上的自主性很差，如有的大学生"带着保姆上大学""脏衣服打包带回家""父母不在断不了网瘾"等，所以很多大学生是只会学习、不会生活。

（三）大学生主体能力不足，缺乏创造性

主体意识的强化和主体地位的稳固需要有较强的主体能力。主体能力的范畴非常广泛，对于大学生来讲，大学生主体能力包含学习能力、沟通能力、创新能力、领导力和就业竞争力等。在传统教育模式下，"唯分数论"现象严重，一直存在"高分低能"的现象。进入大学后，绝大多数大学生依然将所有精力放在学习上，不注重个人能力方面的培养和锻炼，毕业找工作时才意识到自身能力不足，而大学是大学生主体能力提升的关键阶段。因此，大学生应该充分利用大学阶段提升自身的主体能力。

所谓创造性是指个体产生新奇独特的、有社会价值的产品的能力或特性。创造性是对

现实的超越，是主体性发展最重要的表现。创新是引领发展的第一动力，要加快形成一支规模宏大、富有创新精神、敢于承担风险的创新型人才队伍，要重点在用好、吸进、培养上下功夫。在"大众创新、万众创业"的背景下，各高校响应国家号召多措并举为大学生创新创业提供课程、资金、技术、设备等方面的支持，大学生已经成为"双创"的主力军。

（四）大学生主体关系较弱，缺乏交往性

随着高校人才培养模式的改革，学分制成为一种新型教学管理模式，学生可以自主选课，同一专业学生课程安排各不相同，班级成员在时间和空间上的流动性都很大，加之大学生班团组织观念淡薄，这就导致同学之间关系变得疏远，同学之间的交往减少。目前的大学生中多数是独生子女，部分学生没有住校经历，处理同学关系能力较弱，容易形成自我封闭。当前网络时代的迅猛发展，无处不网络，无人不网络，人与人之间的交际更倾向于使用网络，而缺少了"面对面"交流。普遍存在的一个现象是同一个宿舍的同学很少说话，大家都各自对着电脑，有事就通过微信、QQ等网络工具进行沟通。由此可见，大学生之间的交往性机会正在丧失，很多大学生变得更加孤僻，缺乏安全感。

二、班团组织建设中大学生主体性发展

在21世纪里，教育的使命是找回失去的人，在教育中重新发现人的价值，而不再是将人当成工具或者容器，不再将大学生当作教育的产品，而是要将大学生看成活生生的、有情感的、有思维的主体。

主体性发展是每位大学生的发展方向，同时也是高校培养大学生的目标。班级和团支部作为当代大学的基层学生组织，是大学生人才培养的重要平台。中共中央、国务院在《关于进一步加强和改进大学生思想政治教育的意见》中指出，"坚持教育与自我教育相结合。既要充分发挥学校教师、党团组织的教育引导作用，又要充分调动大学生的积极性和主动性，引导他们自我教育、自我管理、自我服务。"大学生的主体性发展状况在一定程度上反映了班团组织建设的作用和存在的问题，因此，调查高校班团组织中大学生主体性发展现状对提升班团组织建设有重要意义。

（一）高校班团组织对大学生主体性发展的作用

班级和团支部是高校的基本构成单位，是大学生自我教育、自我管理、自我服务的主要组织形式，承担着引领学生发展、助力学生成长、提高学生能力和促进学生交往的职能作用。

1.班团组织是树立学生主体意识的平台

每位大学生都是班团组织中的一员。新生入学的第一个归属组织是班级和团支部，学生对班团组织的直接感受就是对学校文化的体验，对班团组织产生强烈的归属感，同时意识到自己有参与班团组织建设的权利与义务。在班团组织中，每位学生都会受到彼此的尊重，受到朋辈的教育影响，形成独立的发展需要。高校班团组织是具有身份认同的集合体，

是高校教育教学和学生管理的基层组织形式，大学生在学习活动中会认识到班团组织的重要性。班团组织要组织好、引导好、协调好同学们的学习、工作、生活，帮助大学生逐渐认知自我、发展自我和超越自我，帮助大学生明晰自我身份，明确社会化过程中的责任。每位大学生都置身于班集体中，班团组织为大学生主体意识的形成打造了一个平台，让学生意识到自己是班集体的一分子，从而才能融入班集体，找到归属感。

2.班团组织是强化学生主体地位的阵地

大学的班团组织人数有限，少则十几人，多则几十人，大学生都会在班团组织中找到归属感，找到自身的存在感。大学生的主体地位要求高校把学生培养成具有能动性和独立性的个体，要培养学生在活动中的自主性、主动性和创造性，而班团组织建设为学生主体地位的确立提供了前沿阵地。每个学生都有参与班团组织建设的机会，每个学生都有做班团干部的机会，每个学生在班团组织中都是不可忽视的主体。通过班团组织这个基层工作单位，展示大学生的能力和风采，进一步强化了大学生的主体地位。班团组织能够充分调动学生的积极性，学生在班团组织中能够体现自身的"主人翁"地位，参与班团组织管理，发挥自身的主体性作用，展现个人的主体价值，真正把自己的主体地位落到实处。

3.班团组织是提升学生主体能力的载体

参与班团组织建设是大学生提升自身主体能力的重要途径，而班团组织发挥着载体的作用。学生工作和活动是大学生锻炼自我和提升自我的重要部分，是大学生自我教育、自我管理和自我服务的要求。大学生通过参与团支部建设加强思想认知，养成良好的世界观、人生观和价值观，通过参与班级建设服务同学，提升服务他人的意识和开展服务的能力。在班团组织中锻炼提升自我主体能力，最有效的方式是组织开展班团组织活动。班团组织能够为学生的日常生活和学习提供一个发展平台。班团活动经过精心策划，同学们积极配合完成。在组织活动的过程中，班级同学可以充分锻炼自己的组织协调能力、沟通交流能力；还可以与自身的特长、专业知识相结合，充分地展现自我。例如，调动具有艺术细胞的学生开展音乐歌舞比赛；组织专业相关的辩论赛，不仅可加深对专业知识的理解，还能提升学生的逻辑思维能力，锻炼学生的语言表达能力等。

4.班团组织是增强学生主体关系的纽带

班团组织是高校中最小的组成单位，大学生在班团组织中的交往性相对是最高的。在辅导员（班主任）的指导下，团支部和班级会经常组织思想建设、评奖评优、入党推选和丰富多样的班团活动，同学们除了在一起学习和生活的交往，还有在各色活动中的协调配合，班团组织为大学生主体关系的增强提供了纽带。而当前大学生的主体关系较弱，班级同学的学习呈现个体化和分散化的特征，班级同学更是以宿舍为单位进行区分，学生的班团组织概念淡化，正需要从最基层的班团组织开始为同学间的沟通交流搭建平台，通过开展各种班团活动，让同学们相互认识，相互交流，把同学间的交流从以宿舍为单位扩大到以班团组织为单位。同时，班团组织活动的开展也为学生提供了一个充分展现自我的平台，也是调动学生积极性和主动性的有效方式。

（二）班团组织中促进大学生主体性发展的途径

班团组织是大学生在高校中直接接触的基础校园组织，在培养和提高大学生主体性上具有独特的优势。尽管提升和发展大学生的主体性是高校人才培养的重要目标，班级和团支部却担负着大学生自我管理、自我教育和自我服务的重要职能，是大学生提升和发展自主性、主动性和创造性的最基础的平台。

1.增强大学生的个人生活自主性

班团组织要充分运用校园生活这一载体，积极开展班团活动，形成相应的文化氛围，将正能量传递到每一个学生的身上，通过营造整体积极向上的氛围，进而帮助提升每个个体的生活自主性。班团组织与大学生的个人生活之间往往存在一定的距离，很难直接对生活的自主性产生影响，所以班团组织可以充分发挥文化的功效，把集体的道德标准、价值观浸润到每一位成员的生活中，使之潜移默化地接受健康积极的生活文化。班团组织开展的活动同样可以具备一定的个性，针对成员的特点、难点和热点来设计、开展活动，并在活动内容和形式的选择设计上做好准备工作，以调动整体参与的积极性。例如，组织兴趣小组活动，以宿舍为单位定期举行趣味运动，开展室内外素质拓展活动等，让成员感受到运动在生活中的重要作用，并将体育锻炼融入自己的生活中，养成规律运动的好习惯。班团活动的形式要生动活泼，活动的内容要丰富多彩，才能有效改善在校大学生生活的单一化现状。通过形式与内容的变化让学生产生新鲜感，进而激发参与和尝试的欲望。

2.建立和谐科学的师长交往方式

班团组织可以通过建立健全师长互动机制和信息沟通平台的方式，为学生搭建广阔的交流平台，让师长交往方式更加和谐、科学。例如，座谈会、研讨会、沙龙交流等丰富的活动形式可以让班团组织直接有效地了解到成员的动向、需求和困难。另外，随着信息技术和社交软件的发展与成熟，除了线下对话的传统交流方式，学生与辅导员、课程教师之间还可以进行更加方便的线上交流。除了创设平等民主的交流互动平台，班团组织需要在学生之间、师生之间、学生与辅导员之间在思想、情感的交流与互动过程中，注意培养学生的表达沟通及办事能力，进而提升学生在交往中的主体性。

3.营造积极活跃的创新创造氛围

高校大学生的思维大多非常活跃，对当下的时政新闻往往都有着自己的独特看法，也对社会生活有着较高的参与热情。班团组织应该结合大学生的这一特点加以积极引导，为大学生营造积极活跃的创造氛围。班团组织在开展活动时，应该注重自由式、探究式、创新式的活动内容和活动方式，延伸活动开展的深度和广度。例如，一些学术讨论交流、主题辩论、文化沙龙等活动可以增强学生的逻辑思维和思辨能力，摒弃盲目、从众心态，使学生主体性的发展更具理智、更加成熟。在学习上，班团组织应该引导学生转变学习方式，从依附型向自主型转变，在平等相互尊重的基础之上，认识到自己是学习的主体，在学习过程中，持久地保持积极、独立、自主的心理状态，积极主动地去获取知识、迁移知识。另外，大学生主体性的发展更离不开大学生的自我投入、自我反思与自我教育。所以大学生要积极通过与外界环境的相互作用，督促自己，完善不足，塑造一个更好的个体，以实现自身主体性的纵向发展大学生在学习和生活中应注意观察、总结，养成反思、发问的习惯，不断累积自己应对外界问题的方法，同时要养成积极的态度，抵制懒惰、逃避、功利的情感态度，使自觉参与形成习惯。在不断深化和提升自身自主性认知的同时，充分发挥主动性与创造性，实现主体性发展的本质目标。

（三）班团组织建设的对策建议

1.加强班团组织的制度建设，调动学生参与意识

制度是班团组织正常运行的重要依托。制度建设就是要建立一个共同遵守的行为准则来约束班团组织成员的行为，以保证班团组织建设的规范化和有序化。良好的班团组织制度是以全体成员作为主体而创造的群体文化，它在很大程度上能够获得成员的心理认同，体现成员共有的价值理念、思想情感和归属感。

班团组织的制度建设应当确立"民主管理"模式，保证人人都能参与班团组织的建设，尤其是能参与班级事务的民主决策。明确辅导员（班主任）和班团干部的职责，指明班团组织建设的方向，规定成员参与的要求。制度建设要树立"以人为本"的理念，满足大学生的合理需要，目的是加强大学生的自我教育，培养大学生对自身主体地位和角色、自我调控能力和自我存在价值的自觉意识。如团支部的推优入党制度、班级的综合测评制度，对学生参与要有严格的规定，必须达到全体成员的三分之二才能召开，不能参加的学生要有严格的请假制度，对于推优和测评有严格的条件，制度的制订要以学校和学院制度为基础，然后征求全体成员的意见，要求全体成员参与制订出符合本班团的具体条款。通过对学生主体意识的教育，让学生认识到其在班团组织建设中的作用和价值，这样才能够调动学生的参与意识和责任意识。

2.打造班团组织的特色文化，激发学生的归属感

高校班团组织的特色文化是指一个班级的成员在大学校园这个环境中基于相互交往而创造和形成的具有本班级特色的精神文化氛围，以及承载这些精神文化氛围的活动形式和物质形态。班团组织的特色文化是每位学生在班团组织中逐渐形成和认可的一种文化，学生在班团组织中会有较强的主体意识和归属感，能够找到自己的主体地位和存在感。班团组织的特色文化有着不同的表现形式，如组织一些特色班级活动和社会实践、设计一些创意宣传海报等，这些都是实体文化形式，还可以建立班级网络论坛、微信公众号等，通过利用新媒体不仅可以加强班级活动的宣传，扩大班团组织的影响力，打造积极健康向上的文化品牌；同时也可给学生更多的发言权，能够在班团组织中体现个人价值，增强学生的组织归属感。

3.搭建班团组织的发展平台，提升学生主体能力

班团组织是大学最小的组成单位，具有灵活性的特点，是大学生主体能力锻炼和提升的最佳平台。班团组织中的成员多数都是同一个学院、同一个专业或同一个宿舍的同学，大家有共同的志趣、课余时间、专业方向和学业需求，加之辅导员（班主任）的指导，因此班团组织活动的开展相对比较容易。在班团组织中，每个成员都有平等的地位和参与管理服务的权利，如果大学生有提升自我的意识，可以积极主动地参与到班团的组织管理中来，通过组织班团活动、服务同学来提升自我主体能力。根据多项研究表明，大学生的领导力、就业竞争力和创新创业能力多数是从班团组织建设的过程中建构出来的，尤其是班团组织的学生干部，他们充分发挥自身主体能力，利用班团组织的平台，争取学校班团组织建设经费，动员全体班团成员共同参与，设计丰富多彩的活动项目，开展能力训练与素质拓展，不仅提升了个人的组织协调能力、语言表达能力、逻辑思维能力和领导力等，而且拉近了与班级成员的关系，增强了班级同学的组织认同感。同时，班级成员在参与班团建设和管理的过程中，提升了主体能力。班团组织搭建的平台促使大学生自己在教育过程中由被动变为主动、从消极变为积极、从他律变为自律，提高其对外部世界的认识和把握程度。

4.丰富班团组织的活动项目，创造学生交往机会

班团组织的活动项目是学生交往的载体，只有丰富多彩的活动项目才能吸引更多的同学有兴趣投入，有机会交往。为了提高活动项目的特色和吸引力，班团组织建设应该采取日本片冈德雄的"一人一角色"方案，每个学生都能在班团组织建设的活动项目中找到自己的项目，发挥自己的专业特长和兴趣爱好，可以投入更多的时间和精力进行小组内部的交往。如班团组织中部分同学组建了读书小组，可以定期举办读书会分享个人观点；部分同学组建了健身小组，可以定期举办健身活动，研究健身方案；部分同学组建了研究小组，可以组队申请校内外课题开展研究。丰富多彩的班团活动能够让每个人尽量都参与到活动项目中来，调动班级同学的积极性，给学生创造更多相互了解、相互交流的机会。每个活动项目都经历从活动的前期策划到开展的过程，学生可以充分发挥自身的主观能动性和创造性，能够和各方面的人员打交道，不仅让学生在参与班级活动的过程中展现了个人才能，同时也加强了班级同学间的相互了解和信任，从而提高了同学们的组织认同感和班团组织凝聚力。

三、高校后勤建设中的大学生主体性发展

高校后勤系统担负着"为教学服务，为科研服务，为师生员工服务"的重要任务，同时发挥着"服务育人，管理育人，环境育人"的重要功能。由高校后勤服务于教育事业这一本质特征，决定了后勤服务的教育属性，决定了其最终的归宿点是育人。

高校后勤育人功能是指后勤系统在做好后勤保障的同时，营造良好的育人机制，提高

服务育人能力。要通过必要的管理和优质的服务，向学生传播正确的生活方式和价值观念，从而与课堂的思想道德教育相配合，提高学生综合素质。高校后勤系统担负着大学生第三课堂的育人功能，有责任、有义务促进大学生主体性发展。

在当前时代背景下，大学生的思想政治教育已经形成了全员育人、全程育人、全方位育人的格局。广大教职员工都负有对大学生进行思想政治教育的重要责任，要求后勤服务人员要努力搞好后勤保障，为大学生办实事、办好事，使大学生在优质服务中受到感染和教育。

（一）高校后勤促进大学生主体性发展实现的理念

1. 个人参与是教育实现的重要过程

教育工作是一个极为复杂的过程，教育工作如何影响和促进人的进步仍然是一个"黑箱"。以杜威为代表的教育思想家提出，"一切教育都是通过个人参与人类的社会意识而进行的"。的确，通过我们的受教育经验，学生深入教育情境中，通过参与式学习可以获得认知、技能、价值观等多方面的成果。众多研究表明，学生参与度对学习收获产生着重要的正向影响作用。对于大学生来讲，高校后勤工作是个社会化的教育情境，只有学生参与其中，身临其境，才能体会到"不入厨房，安知柴米油盐贵"的道理。因此，高校要实现育人功能，应该吸引大学生参与其创设的教育活动，激发大学生参与的卷入程度和努力质量，帮助大学生在个人参与中获得收获与发展。

2. 社会实践是思政教育的重要环节

社会实践是大学生思想政治教育的重要环节，对于促进大学生了解社会、了解国情、增长才干、奉献社会、锻炼毅力、培养品格、增强社会责任感具有不可替代的作用；要求引导大学生到基层去，到工农群众中去，在社会实践活动中受教育、长才干、做贡献。做好高校思想政治工作，要因事而化、因时而进、因势而新。对于大学生来讲，高校后勤是非常好的社会实践平台，是思想政治教育的重要基地。当前的大学生家庭条件优越，缺少生产、生活方面的经历和实践，生产生活常识缺乏，对生产生活认知不深、认识不足，动手能力较差，团队协作能力不强。因此，高校后勤可以因事而化、因时而进、因势而新地利用后勤实践性强、操作性强的特点，让学生在参与后勤建设中受教育，以达到良好的养成教育的效果。

3. "做中学"是教育的重要思想和方法

后勤系统作为大学生的第三课堂，所传递出的教育理念和方法是"在做中学"，让学生在做的过程中去加强认知、提升技能和增长见识，甚至优化价值观。"做中学"的理论是美国教育思想家杜威提出的，他认为从"做中学"是一种在经验情境中的思维方法，要"从活动中学，从经验中学"。从经验中积累知识，从实际操作中学习，要求学生运用自己的手、脑、耳、口等感觉器官亲自接触具体的事物，通过思考从感性认识上升到理性认识，形成亲自解决问题的能力，强调学生的动手能力和解决问题能力，能够激发学生的学习积极性和探究性。这使学生的学习变为经验与理性总结相结合，使单一知识和实际生产紧密的结合起来。高校后勤系统可以为大学生提供能够"从做中学"的平台和环境，并指导大学生去选择要做的事情和要从事的活动，促进大学生去实践、去体验、去创造，并获得知识和能力。

（二）高校后勤促进大学生主体性发展实现的模式

大学生是高校后勤服务、教育的主体，后勤要围绕学生、依靠学生、服务学生和发展学生，才能实现其育人功能。因此，大学生参与后勤的服务、管理和教育，甚至包括研究规划等，是后勤育人功能实现的前提和基本要素。

1. 主动参与模式

高校后勤工作与学生生活息息相关，教室上课、食堂吃饭、寝室睡觉、超市购物、浴室洗澡、医院看病、校车乘坐等，这些都离不开后勤服务。后勤工作的质量直接关系到学生的生活质量，同样对学生的思想政治教育也发挥着举足轻重的作用。为了保证服务质量和教育功能，后勤系统要充分发挥学生参与的力量和学生社团的作用，招募主动对后勤工作关心的学生参与管理、服务和监督。比如，成立学生宿舍自管会参与后勤宿舍的管理，成立学生会权益部监督食堂饭菜质量，设立学生勤工助学岗位体验后勤工作，招募学生志愿者为师生做志愿服务工作等。激发和吸引学生的主动参与，形成制度和传统，学生在参与过程中了解和改进了后勤工作，同时达到了受教育的目的。

2. 差异协作模式

高校后勤工作涉及学校的方方面面，而学生的兴趣点和关注点不同，但是所关注的问题必然存在着一定的交叉点。比如，水科学学院的学生可以参与后勤用水节水的研制活动；生命科学学院的学生可以参与后勤的绿植栽种和保护活动；经管学院的学生可以参与后勤商贸中心的活动；马克思主义学院的学生可以参与到后勤的党建活动中等等。后勤系统要将工作内容与学生专业特点、兴趣和关注点结合起来，找到可以差异化协作的共同点，通过制度、组织和传统将其模式固化下来，积极与学生团体组织平等协作，帮助学生在协作实践中接受教育，实现自我价值。

3. 有限参与模式

在高校教学活动中，大学生最主要的受教育方式依然是课堂教学，大学生的学习精力和时间都是有限的，加之部分大学生对后勤工作没有兴趣，所以不能强求每个大学生都能参与到后勤工作中来。因此，要根据学生的具体情况和特点设置学生参与后勤的有限参与模式。后勤系统要找准学生有限参与的定位和参与目的。比如，通过抽调学生参与后勤工作建言献策座谈会，学生在有限的时间里反馈了意见，加深了对后勤工作的了解；通过设置后勤系统科研课题，学生自愿报名申请课题参与研究，将有限的精力投入后勤科研课题当中，不但解决了后勤的实际问题，同时提升了学生的科研水平；通过开展厨艺大赛、知识竞赛活动，学生自愿以比赛的形式参与，不但激发学生参与活动的兴趣，同时也是掌握技能和知识的过程，而且对后勤工作是个很好的宣传和推广。

（三）高校后勤促进大学生主体性发展的实践探索

为实现高校教育与后勤工作结合发展，进一步提升后勤服务水平，发挥后勤"管理育人，服务育人，环境育人"的重要作用，后勤集团要多措并举推动学生走近后勤、参与后勤、体验后勤、研究后勤工作，引导学生在点滴实践中"自主创新学习、多元优质发展"，开拓了大学生思想政治教育新平台，与师生共同构建校园和谐新常态。

1. 增强学生参与的育人意识

作为高校的一个重要单位和部门，后勤系统与学校其他单位同样担负着育人的使命，后勤系统全体员工应该树立每位员工、每个岗位、每个时段、每个方位都在育人的意识。后勤服务是"没有讲台的课堂"，后勤工作者是"不上讲台的教师"。高校后勤优质的服务、热情的态度、文明的风尚和模范的行为，会对学生道德情操、治学态度和社会责任感的培养起到直接的渗透作用。后勤系统树立每位学生都是服务和教育对象的意识，每位学生都应该是积极争取参与后勤工作的对象，每位学生都是后勤服务质量保障的参与者和监督者，每位学生都是后勤工作改进的建言者和宣传员。只有后勤系统人人增强了学生参与的育人意识，才能主动去接触学生、服务学生和影响学生，才能有更多的学生在自愿参与、主动参与中受教育、长才干、负责任。

2. 营造学生参与的良好氛围

后勤工作是与学生的学习和生活紧密融合在一起的，通过梳理学生参与后勤工作的案例、事迹扩大宣传，营造学生积极参与后勤工作、维护自身权益的良好氛围。育人是一个互动交流的过程，后勤管理人员及服务人员和学生的沟通交流会大大促进育人的效果，后勤员工要通过态度、言行等方面的主动服务给学生带来正面的影响和正能量，让学生在享受服务的同时感受到后勤员工的关怀，从而达到育人目的。

第九章 大学生实践活动力培养

第一节 大学生社会实践活动模式

何谓大学生社会实践？学者们对其进行了概念界定，主要是指对在校大学生进行有组织、有计划、有目的的深入实际，深入社会，服务社会，完善学生知识结构和提高应用能力、创新能力，实现理论学习和实践有机结合的教育实践活动。社会实践的根本目的在于"育人"，在于全面提高大学生综合素质。

社会实践已经成为促进大学生主体性发展的一个有效的重要途径。社会实践能够与第一课堂理论知识有机结合，促进学生主体能力发展；能够与理想信念结合，促进学生主体意识发展；能够与社会现实紧密结合，促进学生主体地位确立和主体关系交往发展；能够承担起培养和发展人的主体性的重要任务，以保证其育人功能的实现。

大学生社会实践是高校育人工作的重要组成部分，在整个人才培养过程中起着不可替代的作用，可以帮助大学生在社会实践中感悟大学生应具有的时代精神，帮助大学生到社会实践中去提升各方面的素养和能力，帮助大学生在社会实践中"受教育、长才干、做贡献"，促使大学生全面发展。指导大学生社会实践活动是高校院系学生工作的一个主要任务，同时也是对大学生进行思想政治教育的有效途径。

一、实践与党建相结合的模式：引领大学生党员在社会实践中树立先锋模范意识，提升社会实践能力

大学生党员是大学生群体中的重要组成部分，绝大部分大学生党员担任学生干部，起着主力军的作用，因此，如何引领学生党员发挥作用将成为工作的重点。要高度重视学生党员的引领工作，下大力量引领大学生党员在社会实践中树立先锋模范作用，成为学部学生的旗帜，努力提升所有同学的社会实践能力。在社会实践中重点突出学生党员的德育教育、党性教育和革命传统教育。在众多的学生党员社会实践活动中，学生党员的先锋模范意识、党员意识和社会责任意识增强，各方面的实践能力得到了一定提升。

二、实践与专业相结合的模式：指导学生社团在社会实践中彰显教育的魅力，增强社会服务的本领

大学生社团是各种学生组织的重要组成部分，大学学生社团多是以大学生兴趣以及所学专业为特色而组建的。各个学生社团和班集体的实践活动，要配备相关专业教师进行指导。如手语社请特殊教育专业的教师进行指导，篮球社请体育专业的教师进行指导，彰显各个社团的专业特色，指导学生在实践中感悟教育的内涵。同时，给予充足的学生社团社会实践活动经费，让学生在社会实践中减少后顾之忧，全身心扎根深入基层，到实践中去锻炼自我、提升自我。各个班集体开展学习雷锋活动，深入校内外社区开展了形式多样的志愿服务活动；大学生在社会实践过程中，体悟到了教育的真谛，发现了自身的价值，增强了服务社会的本领。

三、高校辅导员创新大学生社会实践活动模式

高校辅导员作为大学生日常生活的管理者，为大学生社会实践活动打造立体化宣传阵地，创新大学生社会实践活动的模式，吸引更多的大学生参加到社会实践中来，具有一定的理论与现实意义。

（一）创新目标管理模式

辅导员指导大学生参与社会实践，首先，要建立以提升大学生思想政治教育为总目标，遵循大学生教育规律和成长规律，勇于突破常规开展社会实践活动，并形成一种稳定的、连贯的、学生普遍认可的活动方式。其次，要结合不同学生职业生涯规划发展的需要、不同年级学生的特点、不同专业方向开展实践活动的方式，创新完善社会实践的组织管理、内容建设等，从实际出发，在大学生参加社会实践的过程中，力争做到"识变、应变、求变"。如针对大一新生入校后出现的适应性问题，可以安排以寝室、班级团支部等为单位的集体性实践活动，培养学生的团结合作精神；针对进入大二年级的学生出现学风松散的情况，安排其参加关爱社会弱势群体的活动，使他们在活动中通过亲身体验，获得真实感受，生发内心情感体验，从而提高思想政治教育的实效性以及强化学习专业知识，提高专业技能的想法；针对高年级的同学虽然不再固定参加社会实践活动，但有些经验良好的实践活动可以作为典型事例，通过事迹报告会、经验交流会等形式向低年级的学生传授经验，大四的学生还可不受专业限制，对已上交的总结报告，优秀的可以申请作为毕业论文。

（二）创新组织管理体系

1. 提高辅导员的综合素质

辅导员作为大学生社会实践的指导者，其综合素质的高低关系到大学生社会实践能否顺利开展和达到应有的效果。首先，进一步提高辅导员的思想素质，真正学会用马克思主义中国化的最新理论成果武装头脑，把马克思主义的观点和方法运用到实际工作中，加强

自身分析问题和解决问题的能力。其次，进一步加强辅导员的专业素质，为有效指导大学生在社会实践中出现的实际问题，辅导员要加强如社会学、心理学、教育学、法学等理论知识的学习。同时，为有效地帮助学生总结社会实践成果，可以加强 DV 创作、MIDI 制作、网页制作等宣传工具的学习。最后，进一步提高辅导员的科研水平。辅导员可以对指导社会实践过程中出现的问题进行归纳总结，最后上升为科研理论，促使辅导员对自身的职业生涯规划有一个更加清楚的认识，督促自己早日朝着辅导员"专家化、职业化、专业化"的方向发展。

2. 动员专业教师加入社会实践活动的指导队伍中来"师者，传道授业解惑者"，学生在课堂中与专业教

师建立起来的信任关系是辅导员所不可替代的，因此，可以动员更多的专业教师加入社会实践的指导队伍中来，加强对专业课教师的培训，更新、拓展专业教师的知识结构，提高教师指导社会实践的能力，这是加强社会实践活动队伍建设，不断提高社会实践管理队伍素质的必由之路。有条件的情况下，还可以外聘相关领域的专家、退休在家的老党员等加入这支队伍中来，以提高社会实践活动管理队伍的整体素质。

3. 加强学生干部和学生党员在社会实践活动中的队伍建设，充分发挥一加一大于二的效应

大学生社会实践过程中，辅导员是主导，学生是主体，要想提升学生在社会实践过程中的积极性，学生干部和学生党员在社会实践中的作用不容小觑。要注重培养学生干部和学生党员的责任感，满足其成就感并给予其应有的荣誉感，只要能够把握住这三点，就会带动更多的学生参加到社会实践中来，使社会实践活动具有强烈的吸引力。同时，充分发挥主题团员活动、主题党日活动的作用，使学生干部和学生党员能够真正成为学生中的一面领航的旗帜、一座牢固的战斗堡垒，发挥出一加一大于二的效应。

（三）创新实践活动载体

1. 以项目化为抓手，加强大学生社会实践活动

在社会实践活动启动之前，明确本学期社会实践目标，动员在校的大多数学生积极参加活动，根据不同年级的学生在知识水平、身心发展等方面存在的差异组建不同的社会实践团队，按照项目申报情况将实践团队分设成重点团队和一般团队，以立项为基础，论证项目的可行性，按照社会实践既定主题制订项目实施计划，对实践项目的动态进行及时掌握与监控，针对实践活动过程中出现的问题及时调整，完善优化内容，解决现实问题，并在项目结束后提交社会实践团队调研报告。

2. 以社会公益组织为载体，创新大学生社会实践

社会公益组织是一种合法的、非政府的、不把追求利润当作首要目标的、实行自主管理的社会组织。其开展活动的主要目标是致力于社会公益事业，解决各种社会性问题，这是中国优良传统的延续，是构建社会主义和谐社会的主要载体。在校大学生开展社会实践

活动，可以依托这样的社会公益组织，如在开展关爱留守儿童等关爱社会弱势群体的活动时，可以依托青少年发展基金会等社会公益组织，组织更多的大学生志愿者参加到公益实践活动中来，并以此作出服务延伸，鼓励大学生志愿者、公益项目团队以随家公益的方式到省内留守儿童聚集地或家乡留守儿童所在地进行至少一个星期的公益服务，使关爱的每一个留守儿童能够"心有人爱、身有人护、难有人帮"，让他们性格开朗、精神充实、品德端正、学习自觉，使他们同其他孩子一样健康全面地成长，使他们在成长中得到知识，享受快乐。

3.以互联网为依托，加强社会实践 App 建设

随着互联网的日益普及，网络已经与在校大学生的思想、学习、生活等密不可分。加强大学生社会实践，也要把网络建设放到重要位置。可以立足于移动互联网，以手机应用程序（App）为切入点，采用界面开发、网络编程等技术方法，进行高校社会实践网络 App 平台构建，将传统社会实践模式和网络相结合，实现优势互补，增强社会实践活动的表现形式和科学性。可以设定不同板块，如：实践活动理论学习、实践活动经验分享、实践活动网络报名签到等，加深社会实践活动内容和拓宽实践活动渠道充分发挥互联网对社会实践活动的积极作用，促进高校社会实践科学化、网络化和智能化。

（四）创新实践激励模式

辅导员对社会实践活动给予相应的激励，这是使社会实践能够常态化运转的关键。一是建立实践学时管理制度。可以考虑将学生参加不同的社会实践活动以学时为单位制订实践计划，学期结束后统计学生完成社会实践的学时情况，在综合测评和奖学金的评定中给予相应的加分。对在实践中表现突出的大学生要进行褒奖，做好选树榜样的宣传，对他们参加社会实践活动给予精神上和部分物质上的鼓励，充分调动学生参加社会实践的积极性。二是建立实践效果考核评估制度。一方面，把学生参加社会实践活动的效果作为思想政治理论课教学的实践环节进行考评；另一方面，学生在开展社会实践活动的过程中，针对创新的活动方式，辅导员要组织相关人员进行效果评估，以此不断完善大学生的社会实践新模式。

第二节　大学生社会实践育人功能实现

高校越来越重视社会实践尤其是寒暑假社会实践对大学生培养的作用，开展了形式广泛的社会实践活动，在充分发挥社会实践育人功能的同时，也暴露出了一些问题。

一、大学生社会实践的育人功能

社会实践是大学生认识和感知社会的重要途径，能够激发大学生的学习兴趣，提高思想认识，促进其树立正确的世界观、人生观和价值观。对大学生具有理想信念教育、专业强化教育、感恩奉献教育、科研创新教育、社会融入教育等多项功能。

（一）理想信念教育

培养当代大学生形成正确的世界观、人生观和价值观，树立崇高的理想信念，是摆在广大高校教育工作者面前的重要课题。解决这一问题不仅要靠正面的理论教育，更需要帮助大学生走出校门，深入社会，在社会实践中塑造自我。高校通过"大学生党员下基层""红色1+1""西部阳光行"等社会实践活动，让大学生走进基层，接触群众，熟悉社会，投身到多样的实践活动中，通过切身体验全面了解和认识当今社会政治、经济、文化、教育的全方位变迁和基本国情，有利于学生在实践中发现自己的价值，有利于形成崇高的理想信念，有利于找到自己的合适定位。通过社会实践的教育平台，大学生充分认识到了当今社会发展的症结所在，根据自己的实际情况，部分学生选择了下基层做"村官"、到社区做"助理"、到西部去支教等，为基层培养了一大批优秀人才，坚定了大学生扎根基层、服务基层，到祖国最需要的地方去的理想信念。

（二）专业强化教育

大学生社会实践最大的优势在于有比较专业的理论知识作为实践的基础，能够将学校里所学所思运用到具体的社会实践中。大学生在实践中会感受到学习理论的重要性，增加理论学习的兴趣。通过专业较强的社会实践锻炼，让理论知识在实践中得以运用，能提高学生对所学知识的理解和掌握，不断加深和巩固所学的理论知识，能改变他们对理论学习的某些偏见。在实践的过程中强化了学生对自己所学专业的认识和理解，同时学生在实践后发现自己不喜欢的专业变成了自己最热爱的专业，感受到了专业的实用性和魅力所在。

（三）感恩奉献教育

大学生社会实践的主要形式是志愿服务，大学生担任志愿者进行"三下乡"活动、社区服务、扶贫开发、心理援助等。大学生志愿服务注重"感恩社会，回馈社会"，在感恩回报社会中实现自己的价值。为在社会实践中培养大学生感恩奉献的意识，倡导大学生捐出部分所获得的奖助学金，通过与贫困地区中小学生建立长期帮扶对子，给予物质上的资助和精神上的鼓励以及知识上的帮助。大学生通过自身的社会实践将自己的爱心奉献给更加需要帮扶的群体，怀着感恩的心，在助人过程中感受伟大的志愿精神，不断培养感恩与奉献的意识。

（四）科研创新教育

培养大学生具有一定的科研能力是大学教育的重要目标。开展一定的带有科研性质的社会实践活动利于对大学生进行科研创新教育，利于培养大学生的科研能力和创新能力。

在社会实践中，引导学生在自己感兴趣的领域做好课题研究和调研报告或者其他形式的科学研究，最后取得一定的科研成果，有助于培养大学生的科研素养和创新精神。部分高校的社会实践在科研创新教育方面已经初见成效，培养了大学生的科研创新能力。

（五）社会融入教育

如今的大学已不再与世隔绝，逐渐与社会接轨，社会融入教育对大学生的成长至关重要，社会实践是大学生融入社会的重要途径。大学生参与社会实践，有助于学生全面分析社会现实状况及其发展趋势，了解不同社会角色的权利和义务；有利于学生反观自己的素质、能力、个性特征，把握自己的优势与劣势，综合分析社会角色与个体社会化的对接情况，找准方向，以便较好地达到角色的实现。在社会实践做得较好的部分高校，学生在社会实践过程中，了解社会并融入社会，用自己所学的知识服务社会，提高了自身的创造能力、实践能力、就业能力和创业能力，为步入社会和走上工作岗位奠定了基础，坚定了就业理想，找准了就业方向，部分学生在社会实践中直接与用人单位签约，找到了适合自己的工作岗位。

二、社会实践育人功能实现中的问题

随着大学生社会实践活动的深入开展，各高校根据自己学校的特点开展了形式多样的社会实践活动，形成了自己的特色，打造了一系列品牌活动，引起了广泛的社会反响，对大学生实现了教育的功能。但在大学生社会实践育人功能实现的过程中，还不同程度地存在着一些问题，限制了社会实践育人功能的有效发挥。

（一）师资力量缺乏

大学生社会实践是大学课堂的有益补充，其作用不亚于正式课堂，要保证社会实践的专业性和高质量以及实效性，应该为学生团队组织配备专业学科的教师进行指导。大学生社会实践最大的缺点是社会经验不足，遇到突发事件难以应付，另外，学生在将所学理论与实践结合中存在一定难度，这些都需要专业教师的指导。为保证社会实践的有效进行，保证学生的安全，应该为学生配备有经验的教师带队。组织学生社会实践活动，最大难题是学生组成了社会实践队却苦于找不到专业教师指导，更难以找到合适的教师带队。大学生社会实践所选择的地点大部分是环境条件比较差的地方，尤其是志愿服务工作，再加之学校所配备的经费不足，参与的教师往往要自己垫付经费，压制了教师们参与活动的积极性。另外，高校教师所承担的科研项目和行政职务过多，在学生培养上投入的时间和精力不足，尤其是在假期，教师很难抽出一段完整的时间指导学生社会实践。因此，师资力量的缺乏是制约社会实践育人功能发挥的最大障碍。

（二）学生参与面窄

社会实践是大学生接触社会、融入社会的重要途径，大学生对社会实践充满了好奇心，参与热情高涨，想将自己所学付诸实践，奉献自己的爱心，提高自身的多方面能力。但是，学校所提供的社会实践机会非常有限。另外，大学生社会实践主要采用社会调查、党建、支教、挂职锻炼、医疗服务等形式，对大学生本身的素质要求较高，学生实践队的组建不可避免地要进行甄选，很容易形成"精英实践"的模式，无法满足广大普通同学对参与社会实践、体验社会生活、增长社会见识、提高社会适应能力的一般要求，直接导致学生参与面比较窄。

（三）管理机制不健全

有效的管理机制是推动社会实践持续有效开展的重要保障。虽然大学生社会实践每年都大张旗鼓地开展，但是依然有很多高校社会实践管理机制不健全。主要表现在：一是缺乏组织制度，寒暑假前只是向全校学生发个通知，学生自愿组队，实践形式以及实践主题自定，指导教师和带队教师更是自找，虽然是给了学生广阔的空间，但是没有指导意义，只是要求社会实践结束后要上交调研报告。二是缺乏保障制度，大部分社会实践根据学生具体情况自定，关于社会实践项目的意义很难定义，实践的地点无法固定，往往是打一枪换一个地方，每年都去不同的地方，因为师资和资金的短缺，学生的人身安全无法保障，更无法保障社会实践的质量。三是缺乏激励机制，大学生社会实践本是全校师生共同参与的活动，但是因为激励不到位，教师们不愿意带队，学生本身对实践活动往往是流于形式，做得好与差没有多大的差别，难以调动大学生参加社会实践的积极性。

三、社会实践育人功能实现的保障

（一）做好保障工作，保证社会实践有序进行

要保证大学生社会实践正常进行，实现社会实践的育人功能，高校应该做好充分的保障工作。首先，学校应该根据学生社会实践内容建立长久而稳定的社会实践基地，而非学生自己去寻找实践基地，学校应与实践基地建立互赢合作的关系，如学校提供资金，实践基地提供食宿，并在实践中配备一线教师或者技术人员进行指导，保证实习的效果。其次，学校应该有计划地为实践队配备专业的指导教师和经验丰富的带队教师，社会实践是大学生培养的重要内容，因此，应该将教师指导学生社会实践纳入考核教师的内容，并作为职称评定的一项指标。再次，学校应该根据社会实践的项目配备充足的资金，减少学生实践的后顾之忧，严格把关项目的预算和决算，保证项目资金用到合理之处。

（二）建立健全机制，规范社会实践活动管理

形成一套行之有效的社会实践组织管理机制，是大学生社会实践持续开展的重要保证。要不断建立健全大学生社会实践活动的组织管理机制、奖惩机制、保障机制、评价机制，实行领队负责制，形成培训—申报项目—审核立项—实践开展—举办成果答辩会—评价表彰—总结交流的项目化运作流程。首先，建立健全社会实践组织制度，学生社会实践活动

要在学校多个部门联动的情况下才能顺利进行，因此要将学生各个部门的职责分工写入规章制度。其次，建立健全激励机制，一是要激励更多的教师参与到学生社会实践中来；二是奖励优秀的社会实践团队；三是奖励提供充实保障的实践基地和院系。最后，建立健全活动考核评价机制，将社会实践计入学分，与学年的综合测评挂钩，作为入团入党的必要条件，并作为学生各类先进评比的重要条件。通过建立健全学生社会实践的各项管理制度，对各院系、团队的暑期社会实践进行管理和综合考核评估，使学生社会实践工作进一步制度化、规范化、系统化。

（三）创新实践形式，强化社会实践育人功能

发挥社会实践的育人功能，应根据社会新形势、新政策，不断创新社会实践形式，注重与社会时事热点问题相结合、与时代精神和主题相结合、与学生专业学习相结合、与学生志愿服务相结合、与科技创新活动相结合。不断创新实践形式，改变形式单一、被动参与的实践角色，激发和鼓励大学生担任不同的角色，如教师、村官、行政助理、调研员等，将自己所学所思投入到社会实践中来。其次，要不断扩大社会实践活动的参与面，争取让更多的学生参与到实践中去，可以采用集体实践、团队实践和个人实践等多种组织方式。将社会实践活动纳入正常的教学计划当中，促进社会实践活动在学生中的全面开展，进行集体实践；由学校和院系支持一些重点团队，以团队实践的形式参加一些较大的实践项目，进行团队实践；学生个人根据自己的兴趣和资源优势可以自己做一定的社会实践，最终形成集体、团队和个人互补的实践模式。

社会实践是高校人才培养的重要环节，承担着重要的育人功能。要保障社会实践育人功能的实现，就要不断建立和健全大学生社会实践活动的管理机制，不断完善和强化社会实践的后勤保障，不断探索和创新社会实践的组织形式。

第三节　主体性发展视角下的大学生社会实践

大学生社会实践是大学生按照学校培养目标的要求，有计划、有组织地参与社会政治、经济、文化生活的教育活动，是大学生思想政治教育的重要环节，是与第一课堂的有机结合，对于促进大学生了解社会、了解国情、增长才干、奉献社会、锻炼毅力、培养品格、增强社会责任感等具有不可替代的作用。各高校在大学生社会实践方面采取了多种措施，搭建了多个平台，有力地提升了大学生社会实践方面的思想认识和基本能力，取得了一定成效，但是就大学生主体性发展的培养方面还相对欠缺，缺乏实效性。

一、以大学生主体性发展为视角，探究大学生社会实践的意义

主体性是主体之所以成为主体的质的规定性，主要是指作为主体的人在思想和行动中表现出来的能动性、自主性、自为性等基本属性，具有潜在性、差异性、阶段性和层次性等特征。根据马克思所创建的"实践唯物主义"，社会实践对人的主体性形成具有重要作用，对于作为主体的大学生，利于其主体意识的形成、主体地位的确立、主体能力的发展和主体关系的交往互动，利于其自觉性、自主性、能动性和交往性的养成。

（一）社会实践是学生主体性发展的有效途径

随着高校及社会各界对大学生社会实践的认识逐步加深，社会实践的内容和形式在不断创新和丰富，规划运行机制也在科学发展观的指导下不断完善和优化，社会实践在培养学生能力方面的重要作用正逐步凸显，使学生在实践中逐渐获得了"受教育、长才干、做贡献"的效果。诸多研究者对于大学生社会实践的研究也开始围绕着促进学生全面发展展开，学生的全面发展不但是德、智、体、美、劳方面的发展，还强调学生人格等各方面的全面发展，其中包括学生主体性的发展。

（二）社会实践是学生主体性发展的重要保障

学生主体性的发展，要依附于主体与客体、主体与主体的交往互动。在马克思创建的"实践唯物主义"中，将"实践"的概念引入主体性之后，赋予了人以实践主体的资格，而实践是作为主体的人发展的重要平台和保障。

研究表明，大学生以社会实践为平台取得一系列积极成果和优化发展，如认知能力发展、身心健康发展、事务处理与人际关系发展以及当代社会意识发展。在社会实践中，"985"院校学生的认知能力和当代社会意识发展水平明显较高，但事务处理与人际交往能力发展水平明显偏低、需要进一步加强。随着高校对学生社会实践的高度重视，社会实践与第一课堂紧密结合，已经成为促进学生在思想认识、专业发展、服务社会和实践能力方面提升的重要保障。

（三）社会实践是学生主体性发展的动力引擎

人的主体性发展水平是衡量一个社会进步的重要标志之一，也是衡量人的发展水平的主要尺度，因此提升大学生主体性发展水平迫在眉睫，高校开展社会实践应定位于促进学生的主体性发展，将学生的主体性发展作为社会实践的最终目的。

社会实践本身形式多样，如乡村支教、教育调研、社区义诊、走访工厂等，大学生可以"在做中学"，强调学生的动手能力和解决问题能力，能够激发学生的学习积极性和探究性；社会实践活动多是学生团队集体参与，能够帮助学生形成学习互助组，激发学生的参与性和交往性；社会实践活动与第一课堂、学生兴趣有机结合，能够激发学生做到"学以致用"，加强对专业知识和兴趣的认知。社会实践成为学生主体意识、主体地位、主体能力和主体关系启蒙、发展和提升的动力引擎。

二、以学生主体性发展为视角，推进大学生社会实践的实施

学生主体性得到发展是开展社会实践的最终目的，也是考核社会实践活动实效性的标准。学生的主体性发展体现在社会实践过程中，应该是作为主体的大学生在思想和行动中表现出来的能动性、自主性和自为性，而能动性又具体体现为社会实践活动的自觉性、选择性和创造性，自主性主要体现为实践中学生主体的权力，自为性主要体现为社会实践中学生主体的自我实现。

（一）发挥学生主体能动性，推进社会实践的组织实施

目前，大学生社会实践的形式主要包括教学实践、服务实践、科创实践、调查实践和公益实践五大类。各大高校每年都会针对本校不同专业要求开展形式多样、内容丰富的社会实践活动。大部分社会实践活动并不是由学校具体组织实施，而是大学生根据自己的兴趣爱好、专业知识、社会资源等多方面组织实施，这就需要大学生的能动性发挥作用。

对于社会实践活动，高校一般只是下发通知、指导方向、拟订主题，部分做得比较好的高校能够给予经费支持和教师指导，而大部分高校对社会实践的开展缺乏全程化的指导。要保证大学生社会实践育人功能的实现，单靠高校一方是不够的，更需要作为主体的大学生发挥自身作用。首先，大学生要有参与社会实践的自觉性，认识到社会实践的重要意义，理解自身的知识技能来源于实践，社会实践的收获与成长与大学生自身投入息息相关，需要大学生自觉性的发挥；其次，大学生要有参与社会实践的选择性，社会实践形式丰富多样，大学生的时间和精力毕竟有限，不可能面面俱到，需要大学生根据自身的专业、兴趣爱好以及职业规划对社会实践的内容和形式做出选择，大学生选择的过程实际上也是自我成长的过程；最后，大学生要有参与社会实践的创造性，大学生参与社会实践的组织实施，需要根据自身的专业知识、成长经历以及掌握的资源等解决社会实践中的问题，需要大学生自身的创造性和创新能力。总之，社会实践的组织实施需要大学生自身能动性的发挥，同时，对大学生能动性具有较强的磨砺作用。

（二）发挥学生主体自主性，加强社会实践的过程控制

当前，高校在开展社会实践的过程中出现了一些问题，如对大学生社会实践工作的整体规划和指导力度不够，缺乏实践形式内容、教学大纲、学分计算、师资配备及就业创业的实施细则，缺乏比较完整的项目管理体系和方案，社会实践未纳入教学计划，过程控制缺乏学校部门之间的协调，经费投入不足，评价体系缺乏科学性和实效性等。

大学生主体的自主性来源于对自身权力的认识，在社会实践实施过程中，要保障大学生自主性的发挥，高校要做好社会实践的保障工作。在实践过程中，一方面大学生缺少可以利用的社会资源，高校需要为大学生提供实践的社会资源，比如实践基地建设，学生自己联系的实践基地实际情况往往与预想的差距较大，经常迫使大学生实践队员临时改变计划，更换内容等，甚至使社会实践的过程失控，学生权益无法得到保障，学生自身经济条

件有限，高校需要加大学生社会实践的投入，保障学生社会实践的经费，保障大学生社会实践的基本权利。另一方面大学生缺乏自我保护意识，缺乏专业性的指导，高校需要配备带队教师和专业教师对其全程指导，带队教师负责学生实践过程中的安全保障工作，专业指导教师负责社会实践专业知识方面的指导与应用，以此保证大学生社会实践中的安全和专业学习能力提升。因此，只有优化和完善大学生社会实践的过程管理，保障大学生的自主性在实践过程中的体现，才能有效地进行社会实践的过程控制，从而保证实践的实效性。

（三）发挥学生主体自为性，促进社会实践的成果创新

自为性是大学生主体性发展的重要方面，是主体自主性的逻辑延伸，是自主的目的，相对于主体以外的客体而言，人的自为性是在不断否定、创造与超越的活动中把自己展示给世界，努力实现自我。因此，高校开展社会实践活动应为大学生创造条件，使每个学生获得尽可能大的发展，尽可能地解放每个学生的潜能。

大学生在社会实践活动中自为性的获得与提升，是大学生个人潜能的开发、是社会实践实效性的体现，是对大学生社会实践最好的评价标准。具体体现在社会实践的成果上，大学生的思想认识应该得到升华，加强了对基层民情、国情的了解和认识，培养了爱党爱国爱民的情怀，树立了为国为民服务的远大理想；大学生的专业水平应该得到提升，做到了理论联系实际，加深了专业领域的认知，强化了专业领域知识的学习；大学生的实践能力应该得到强化，大学生的组织协调能力、表达能力、动手操作能力和领导力等多方面能力得到了锻炼和提升，努力达到"站起来能讲，坐下来能写，静下来能思，跑出去能干"的水平；大学生的服务社会能力得到提升，在实践中了解民情、国情，知民情之所需，学国情之所需，将所学应用到服务国家和社会的需要当中来，为实现自己的价值做基础。

从以上分析可以看出，转变高校和大学生自身对社会实践的思想认识偏差，从被动的大学生实践教育观念转变成创新性人才培养观念，保证大学生在社会实践过程中能动性、自主性和自为性的发挥是促使大学生在思想认识、实践能力、专业发展、服务社会等方面有所建树的重要前提。忽视大学生在实践活动中的主体意识、主体地位、主体能力和主体交往，往往就会导致社会实践实效性偏失。

三、以学生主体性发展为视角，增强大学生社会实践的实效

目前，关于大学生社会实践的研究多数从增强社会实践的实效性角度谈到大学生社会实践的发展路径和策略。从把握社会实践的"育人"核心，实现大学生的主体性发展来讲，增强大学生社会实践的实效性还需重点把握以下四个方面。

（一）通过主体自觉性，强化大学生在社会实践中的主体意识

人的活动是有意识的自觉活动，主体意识越强，主体在活动中实现自己本质力量的自觉性越大，从而也越能充分发挥自己的能动力量。大学生只有充分意识到自己是社会实践活动的主体，自觉地去了解社会实践的内容、形式和目标，在思想和专业上做充分的准备，

而不是为了完成任务而被动地实践，才能使主体意识在实践活动中得到发展。这一点可以通过创设大学生社会实践全员化氛围来实现，营造良好的全员化的舆论宣传氛围，深化社会实践活动的影响力和感召力，从而调动学生主动参与实践的内在积极性。此外，还可以推动大学生社会实践课程化，使其成为一门必修课或者嵌入思政课程中，加强对社会实践内容、方式、方法的培训和规范指导，让学生在充分认识社会实践并有亲身去尝试的意愿和方法的基础上强化主体意识，自觉地进行对其自身成长成才有益的实践。

（二）通过主体自主性，尊重大学生在社会实践中的主体地位

主体地位从本质上讲是一种权利，要求教育者和社会尊重学生的主体地位，使学生获得自尊、自信的情感体验；同时，大学生的主体地位要求学生负有自身主体发展的责任，学生在社会实践中可以学会对自己负责，对别人负责，对社会负责。尊重大学生在实践当中的主体地位可以体现在实践开展的方方面面，从高校管理层面主要是通过切实完善社会实践的组织体系和物质支撑体系，促进社会实践教育活动管理项目化；重视安排思政教师和专业教师的指导；积极争取好的社会资源，寻求社会各界的认可和支持；通过校企合作，地方共建搭建大学生社会实践基地化平台，确立为大学生解决实践经费和资源匮乏等后顾之忧的服务意识，彰显其主体地位。此外，还应当在评价当中突出学生的主体地位，坚持学生自评与集体评价相结合，关注学生的需求和利益，尤其是运用所学知识解决实践当中遇到的问题的能力。从实践内容的选择上，围绕以学生为本的理念，通过尊重大学生的个性化诉求以及专业发展、科研能力和创业就业能力需求，围绕大学生关心的热点问题以及大学生的专业技能和就业方向，有针对性地选择社会实践的主题和项目。只有当学生的主体地位受到应有的尊重之后，他们才有自主进行实践的自信和责任心。

（三）通过主体能动性，发展大学生在社会实践中的主体能力

主体能力的发展是大学生社会实践的核心目标。主体的能动性包括两层含义，一是选择性，二是创造性。我们时刻在做着选择却又未必真正掌握选择的力量，选择的力量会给人必要的信念和希望，将给人带来必要的动力以及必要的行动勇气。而只有为大学生提供更多元的选择，学生才能够发挥自己的选择性，这就要求高校不断创新实践形式，引导大学生的社会实践从以社会调查、政策宣传、参观访问、志愿服务为主转向结合专业，发挥科技文化智力资源优势，开展科技攻关、技术服务、产品开发、高科技产品推广等新方式的社会实践。通过多种形式让学生掌握主动选择自己感兴趣和适应自身发展的实践活动的能力，从而形成能动的参与局面。而创造性则是主体能动性的最高表现，人只有在创造性的活动中才能书写自己的历史和品格。在实践活动中着重发挥大学生创造性地解决问题的能力以及运用自己的知识与智力通过科研创造新产品的能力，才是推动大学生社会实践活动持续性发展的根本动力。

（四）通过主体交往性，增进大学生在社会实践中的主体关系

大学生在社会实践中的主体性除了与实践客体的关系之外，还体现在与同伴、指导实践教师、实践单位等各个实践活动主体间的关系中。主体间性是主体间的一致性和开放性，是一种建设性的张力，是主体性提升、强化的表现和路径，它存在于主体交往中：交往性的实质是合作，而个体在与他人交往中不仅应理解自己的主体性，还应全面理解他人的主体性，否则任何形式的合作和管理都只是形式而非事实。这就要求我们关注大学生在社会实践活动中与同伴、同类群体、指导教师以及实践单位之间的交往互动，也就是他们是否在真正的沟通协作中进行了资源共享与互利合作，从而促进大学生主体性的升华和提高。此外，还应注意作为社会实践活动组织者的高校以及指导者教师的主体性发展，这是大学生在社会实践过程中主体性得到发展的根本前提。

综上所述，大学生社会实践需要从主体性发展的视角予以重新审视，改变以往做法中压抑学生主体性发展的弊端是当前大学生社会实践亟待解决的问题。从大学生主体意识的强化、主体地位的尊重、主体能力发展的促进、主体间交往的增进四个方面来思考大学生社会实践的未来发展路径，增强大学生社会实践的实效性，实现大学生在参与社会实践活动过程中主体性的发展，是在新的主体教育理念的指引下推动大学生"主体性"社会实践教育的有益探索，也将会成为全面提高大学生综合素质的重要尝试。

参考文献

[1] 朱佳妮.大学生的学习体验与成长 [M].上海：上海交通大学出版社，2019.

[2] 彭杜宏.大学生团队学习认知互动分析 [M].合肥：黄山书社，2019.

[3] 张延嘉，梁甲仁，韦旭强等.大学生体育与健康 [M].哈尔滨：哈尔滨工业大学出版社，2019.

[4] 魏良福.大学生的六项修炼 [M].吉林：吉林出版集团股份有限公司，2019.

[5] 赵晋.大学生慕课学习意愿的影响因素与形成机制研究 [M].上海：同济大学出版社，2019.

[6] 罗旋，王倩婷，杜爽.大学生心理健康教育 [M].长春：吉林科学技术出版社，2019.

[7] 严敏，熊星.大学生心理健康教育 [M].青岛：中国海洋大学出版社，2019.

[8] 倪春虎.大学生入学教育读本 [M].苏州：苏州大学出版社，2019.

[9] 张晓蕊，马晓娣，岳志春.大学生职业生涯规划 [M].北京：北京理工大学出版社，2019.

[10] 史秋衡，王芳.国家大学生学习质量提升路径研究 [M].厦门：厦门大学出版社，2018.

[11] 彭湃著，董泽芳.规准与创新大学生学习成果评价探究 [M].武汉：华中师范大学出版社，2018.

[12] 梁莉.网络环境下大学生英语自主学习能力探究 [M].武汉：武汉大学出版社，2018.

[13] 王俊，单南龙·英特那帕瑟特.中国西南非英语专业大学生及教师英语学习信念研究 [M].贵阳：贵州大学出版社，2018.

[14] 瞿彦剑.大学生学习生活读本 [M].长沙：湖南大学出版社，2018.

[15] 牛亏环.大学生学习过程评价研究 [M].北京：人民日报出版社，2018.

[16] 刘培军.大学生学习适应性研究 [M].南宁：广西民族出版社，2018.

[17] 刘俊学，曹毅，张冬毛.大学来了：E 时代大学生学习指导 [M].北京：高等教育出版社，2018.

[18] 唐琳.网络信息时代大学生学习创新研究 [M].长春：东北师范大学出版社，2018.

[19] 冯利.学习分析视角下当代大学生学习现状调查研究 [M].北京：人民日报出版社，2018.

[20] 汪雅霜.基于 IEO 模型的大学生学习投入度研究 [M].南京：南京大学出版社，2018.

[21] 范起东,郑帅,李明科."90 后"工科大学生学习观现状及培养模式研究 [M].北京：石油工业出版社，2018.

[22] 孙杨，靳萌萌.大学生自主学习与图书馆服务研究 [M].天津：天津古籍出版社，2018.

[23] 贾润红，张明辉，何伟.大学生移动学习与教学管理 [M].延吉：延边大学出版社，2018.

[24] 王中华.大学生学习方法指导 [M].北京：中国财富出版社，2017.

[25] 汪雅霜.大学生学习投入度实证研究 [M].北京：教育科学出版社，2017.

[26] 张萍.大学生学习质量的"四维评价模型"建构与质量改进研究 [M].哈尔滨：黑龙江人民出版社，2017.

[27] 陈凌白，王闯，王洋.大学生创新创业学习与发展研究 [M].沈阳：万卷出版公司，2017.

[28] 粟敏，罗怀青.大学生自主学习能力培养研究 [M].延吉：延边大学出版社，2017.

[29] 孙艳杰，刘静洋，吕海宁.大学生学业与职业 [M].沈阳：东北大学出版社，2015.